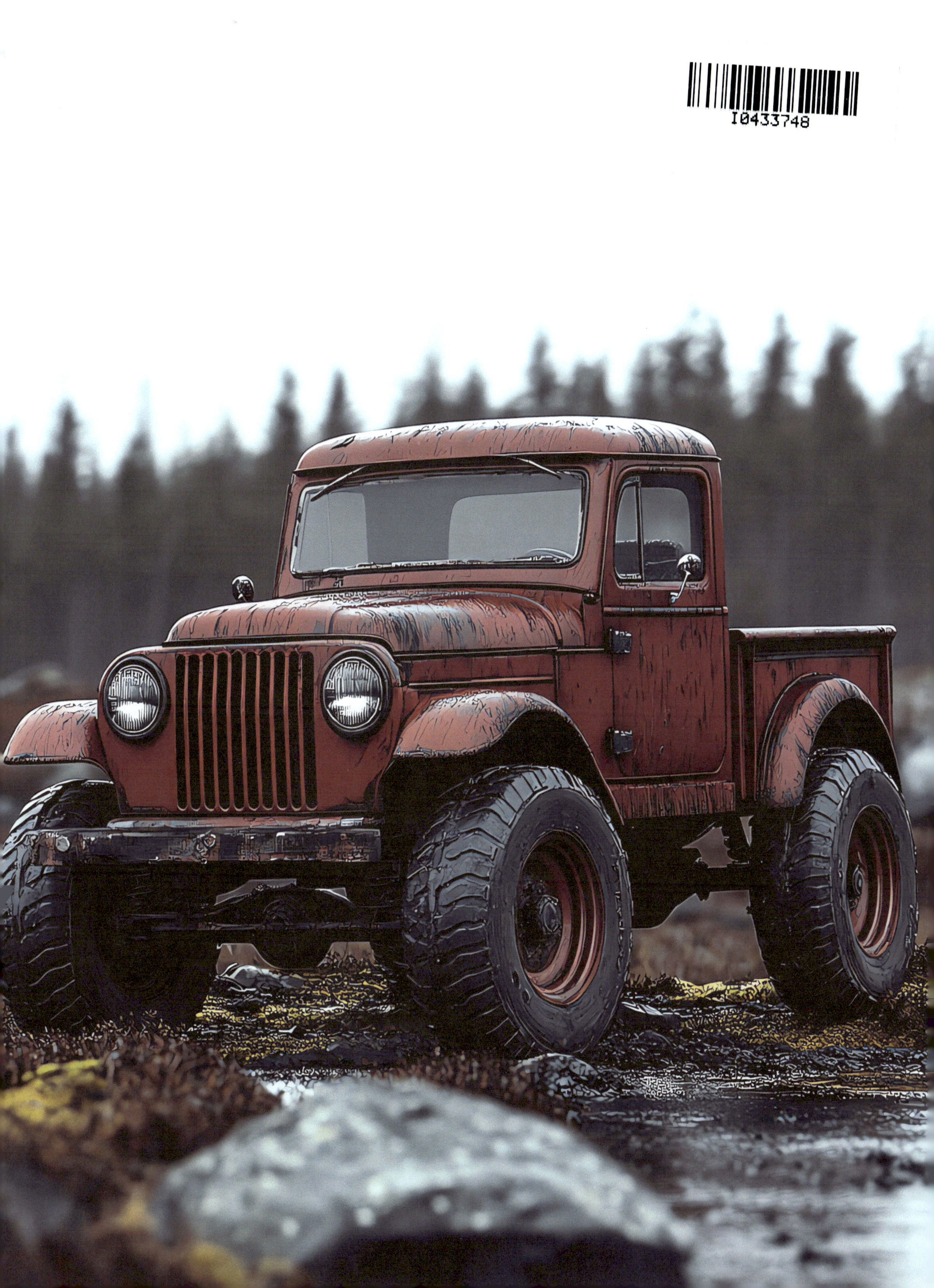

I0433748

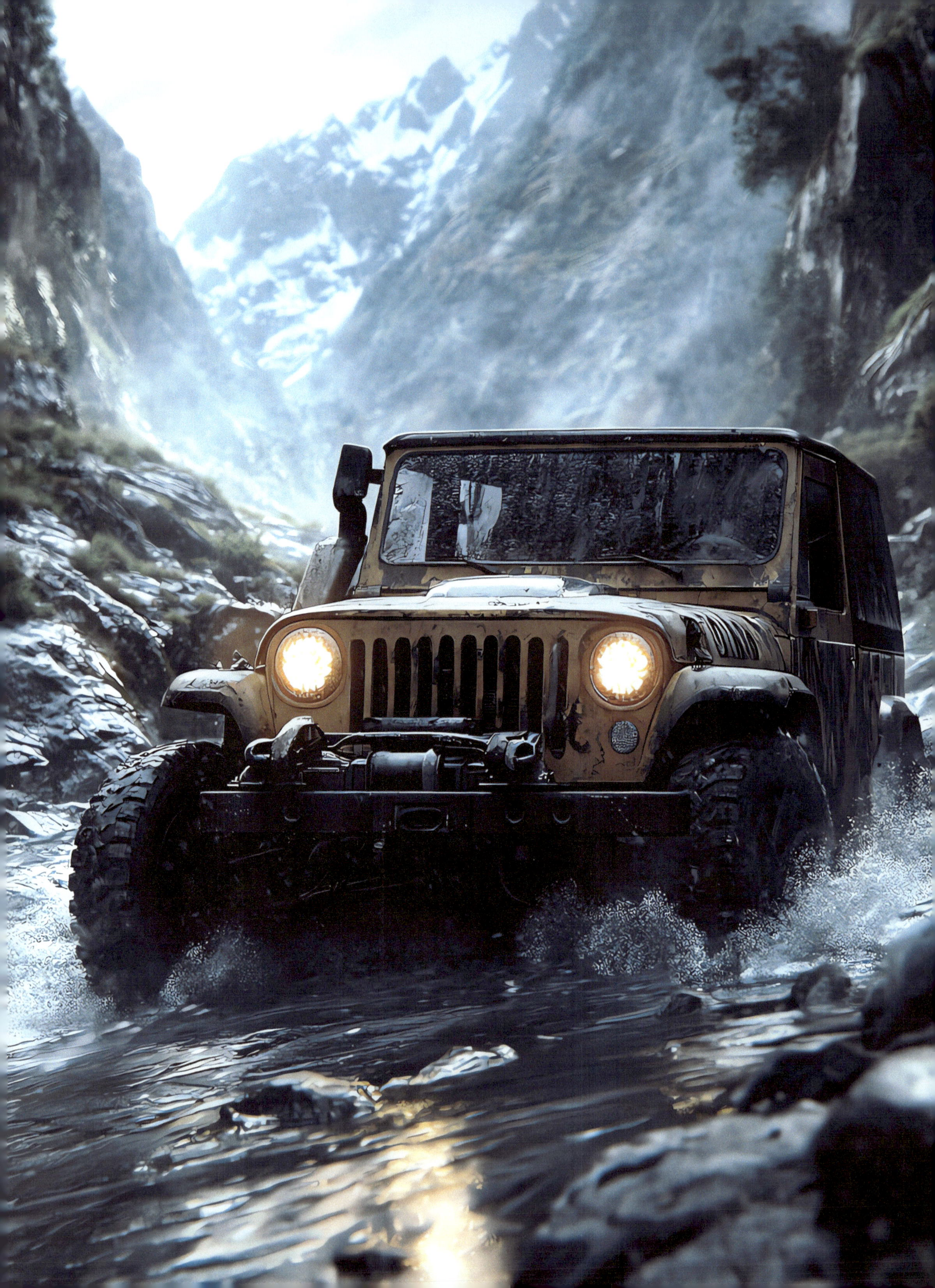

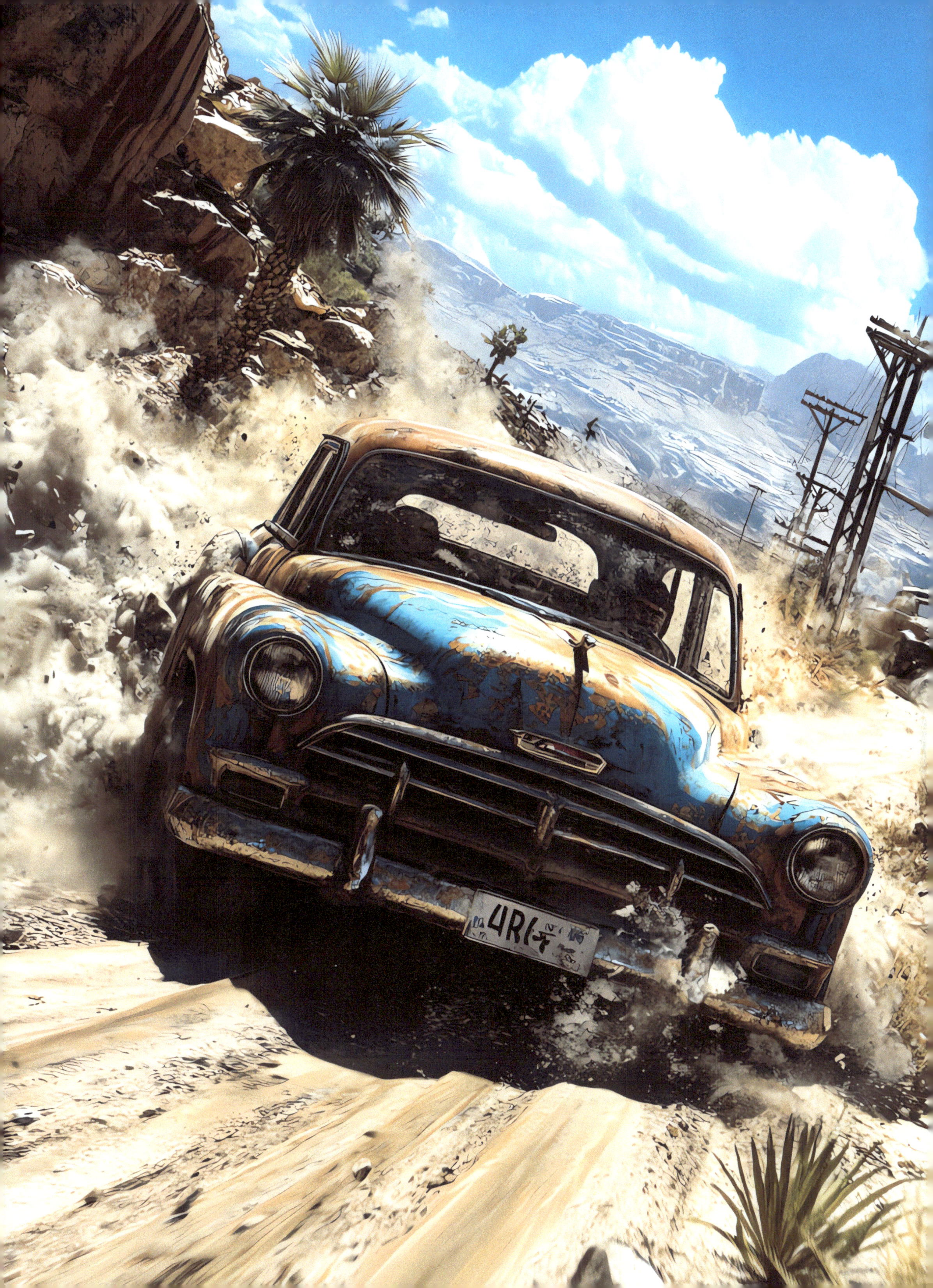

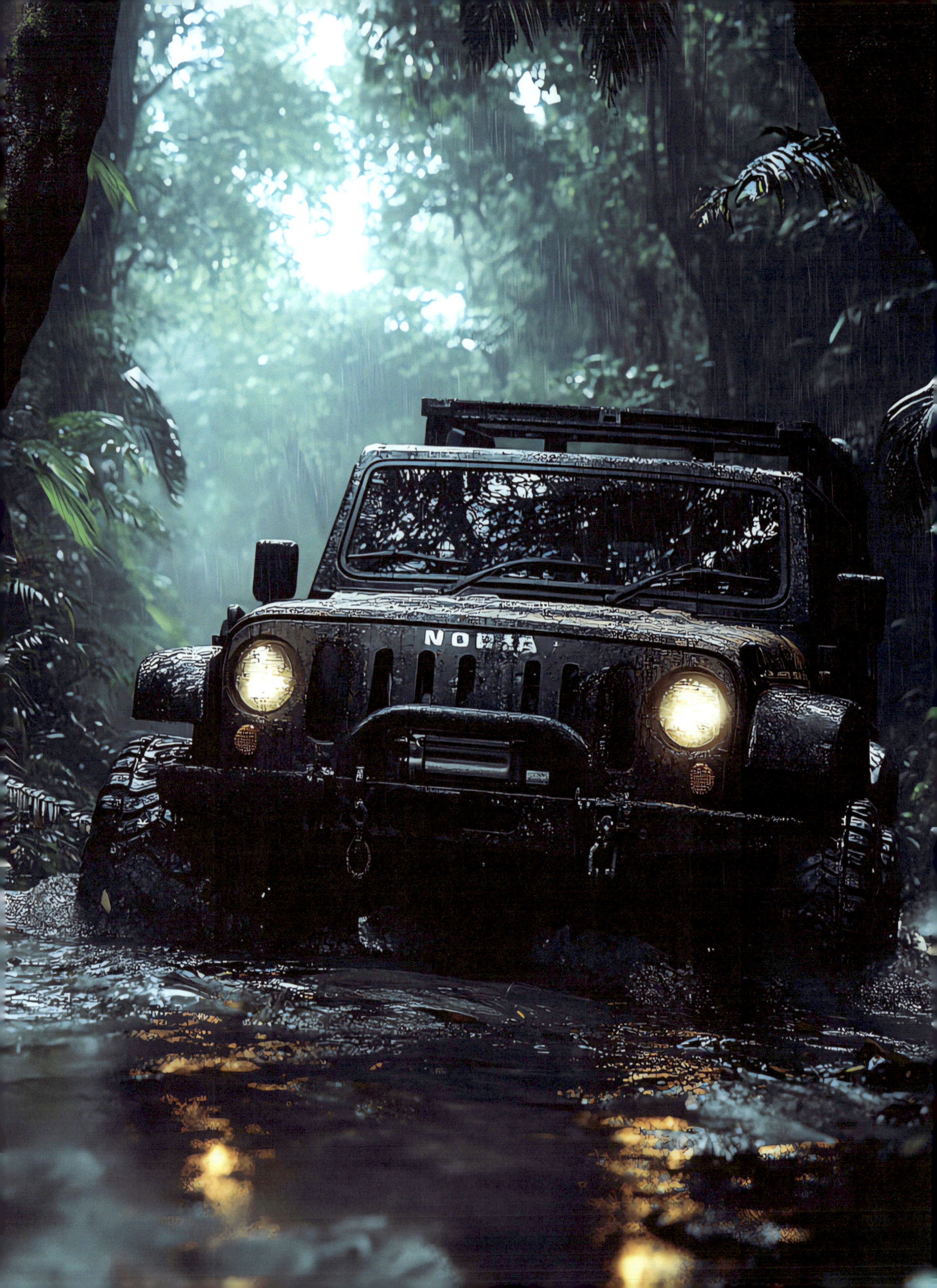

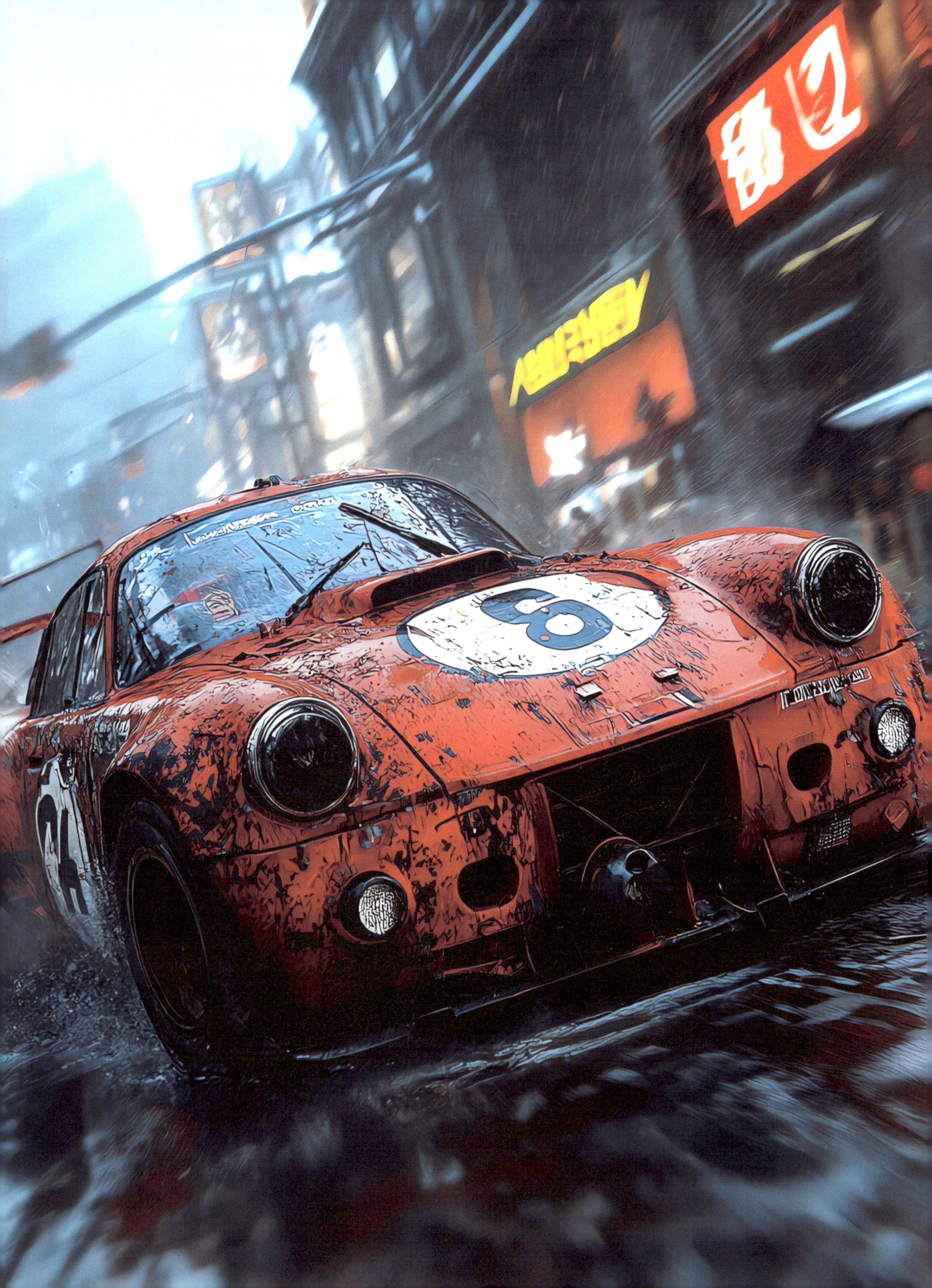

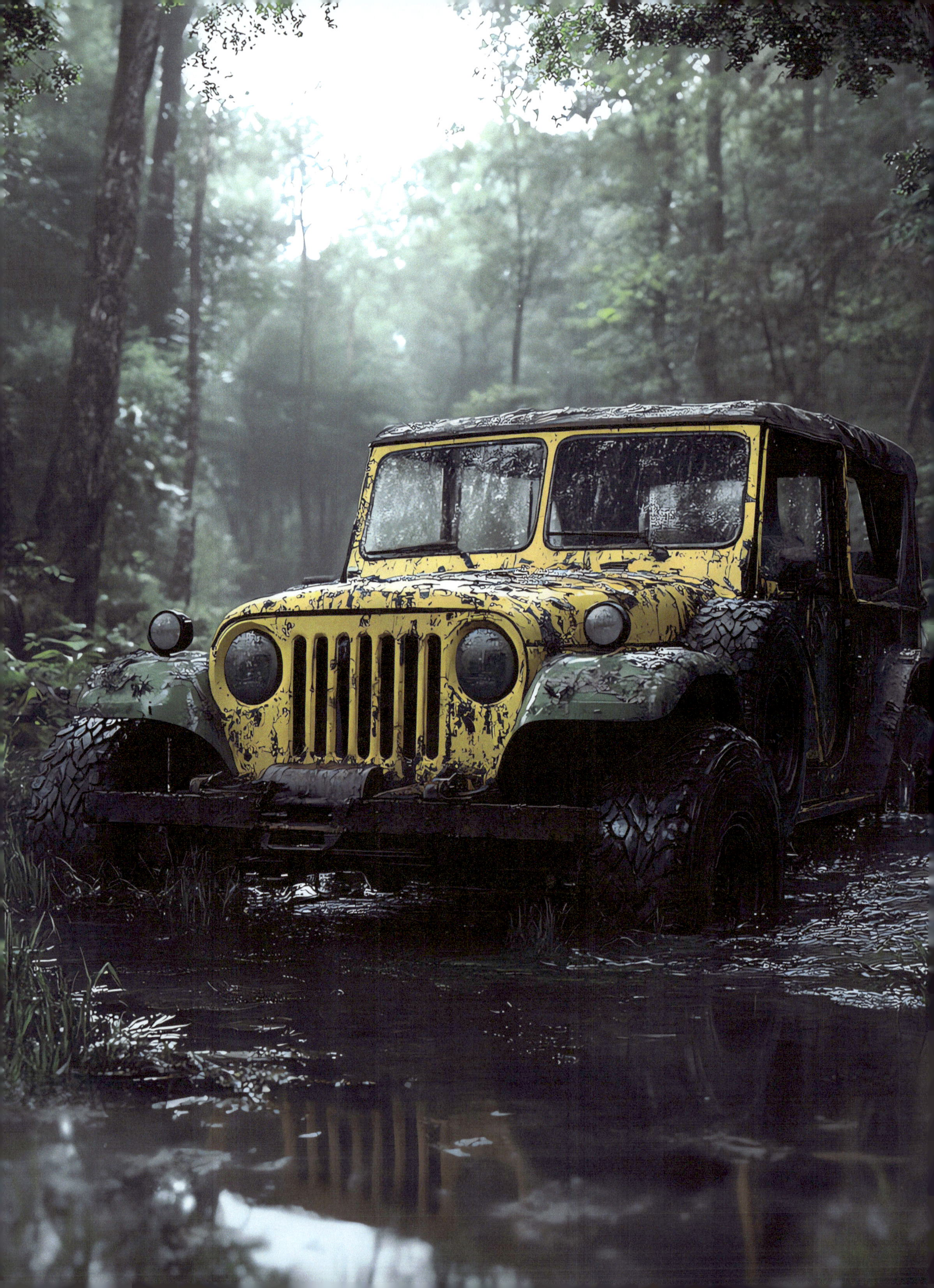

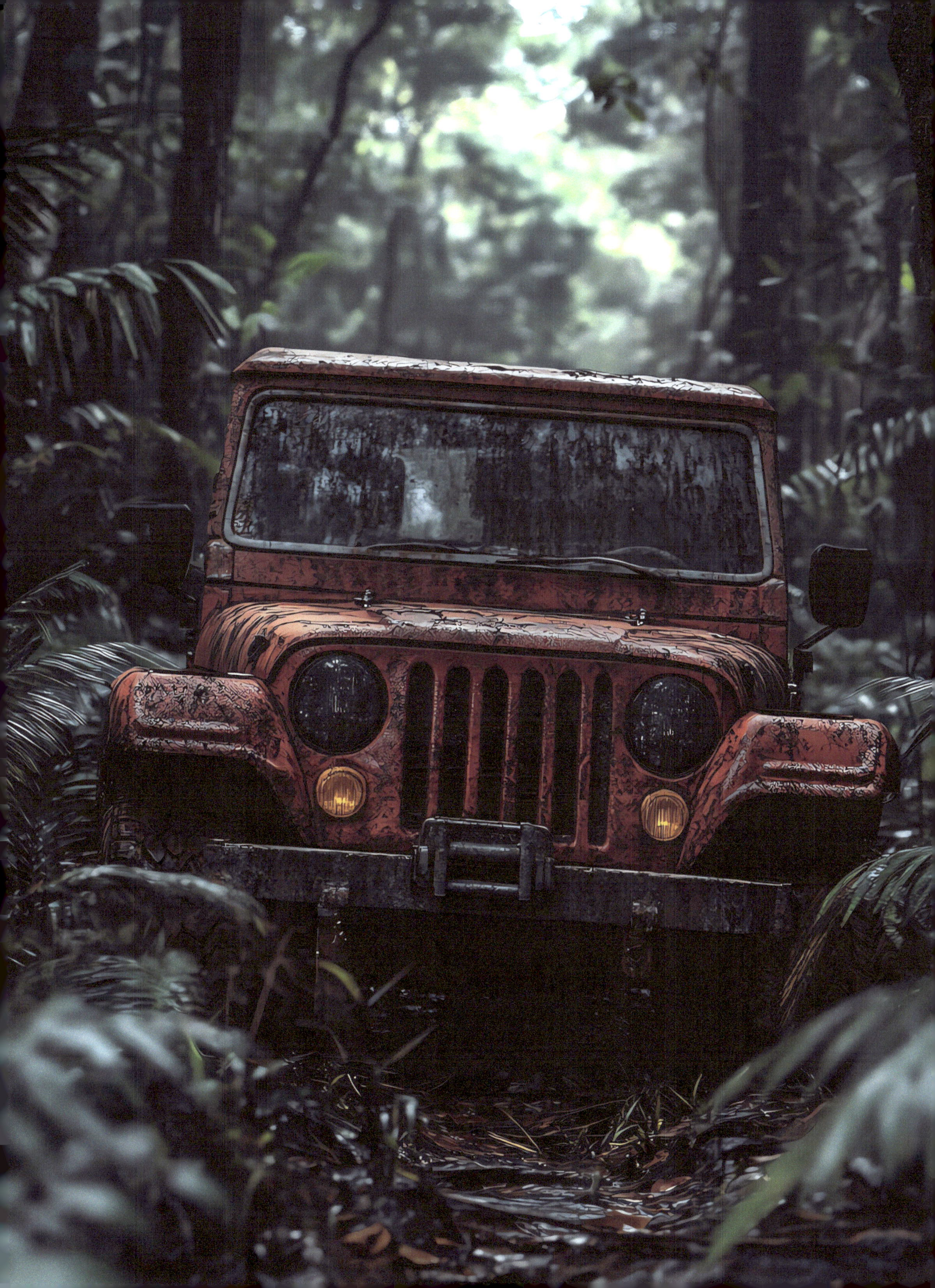

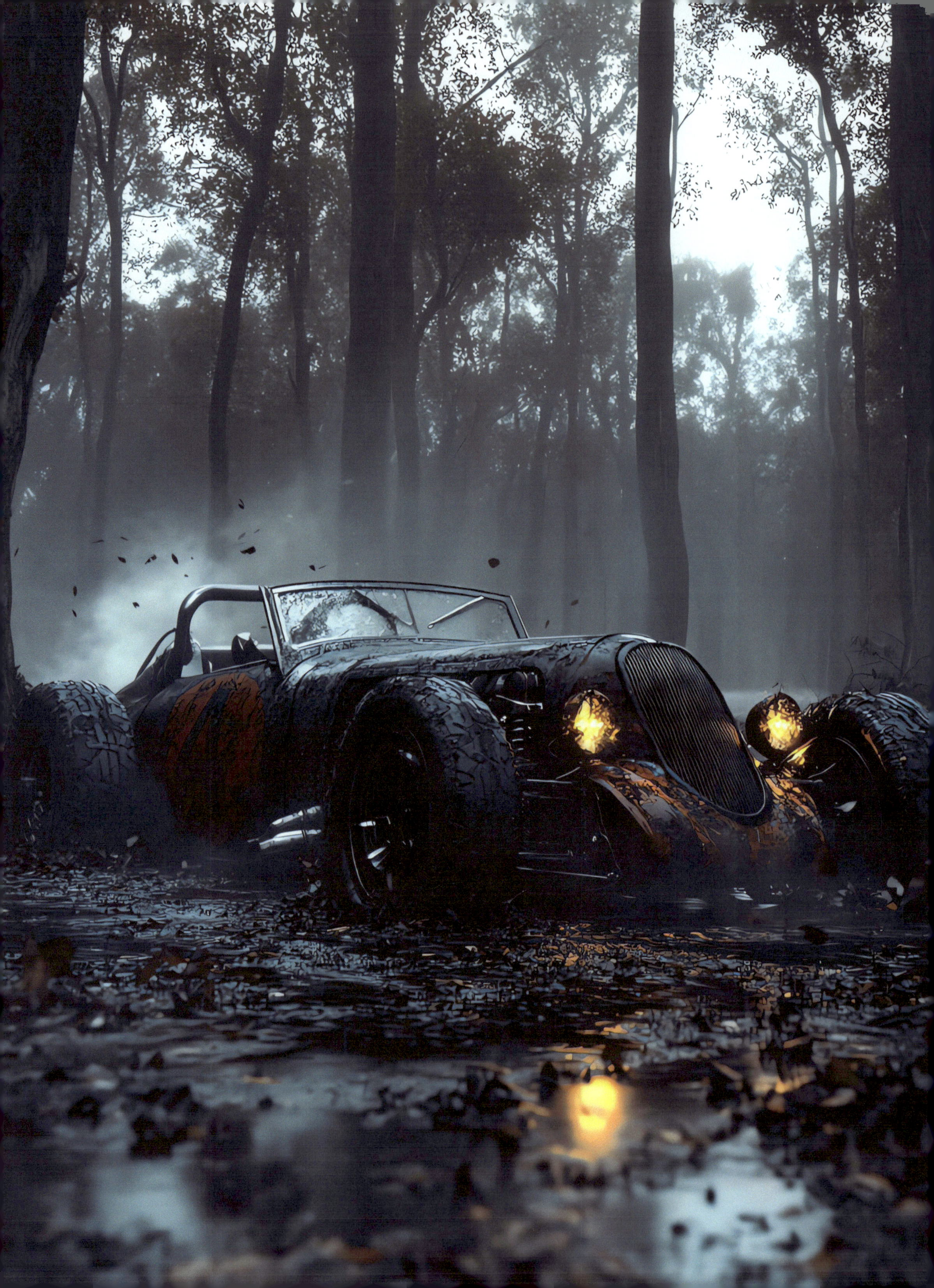

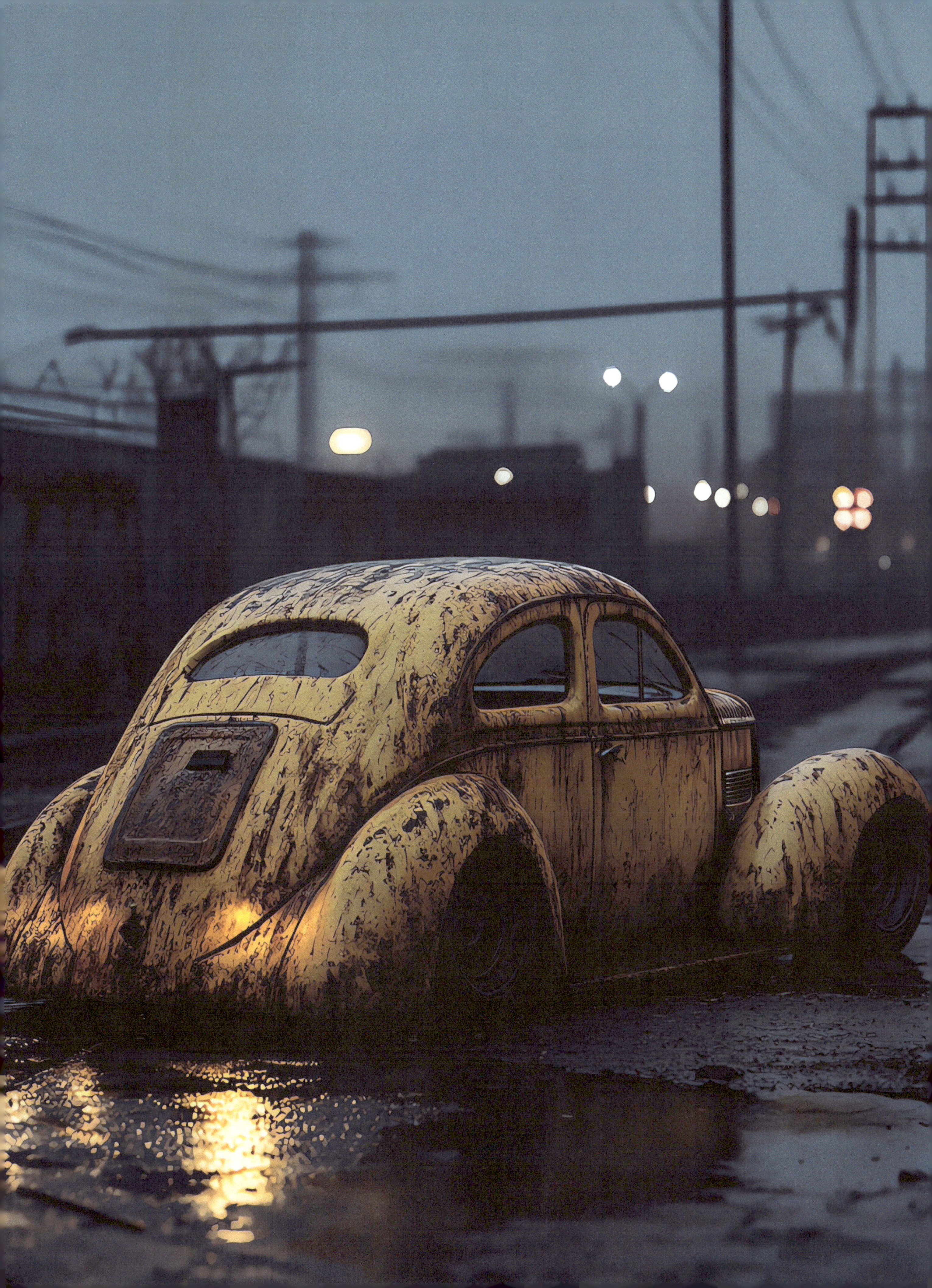

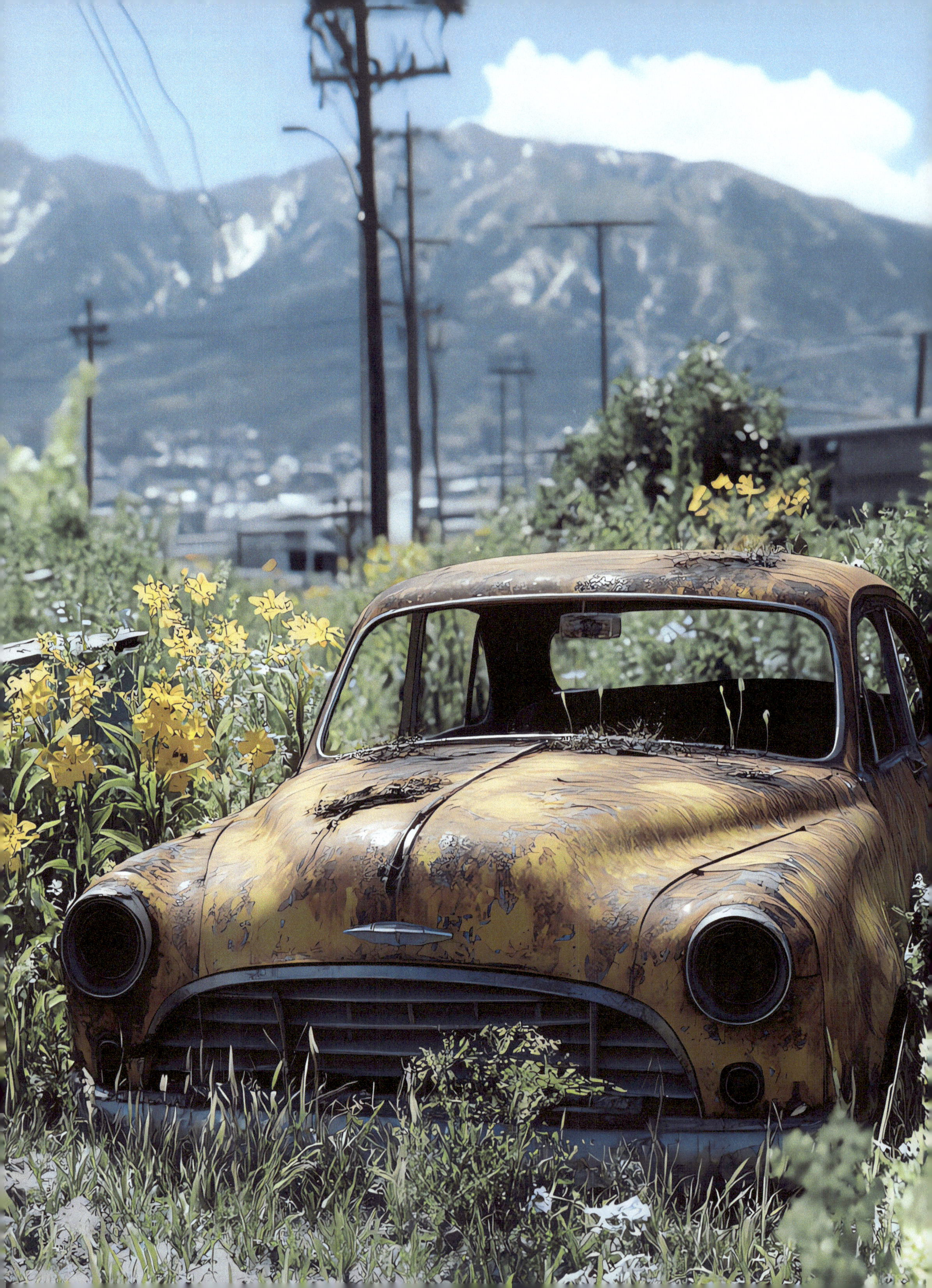

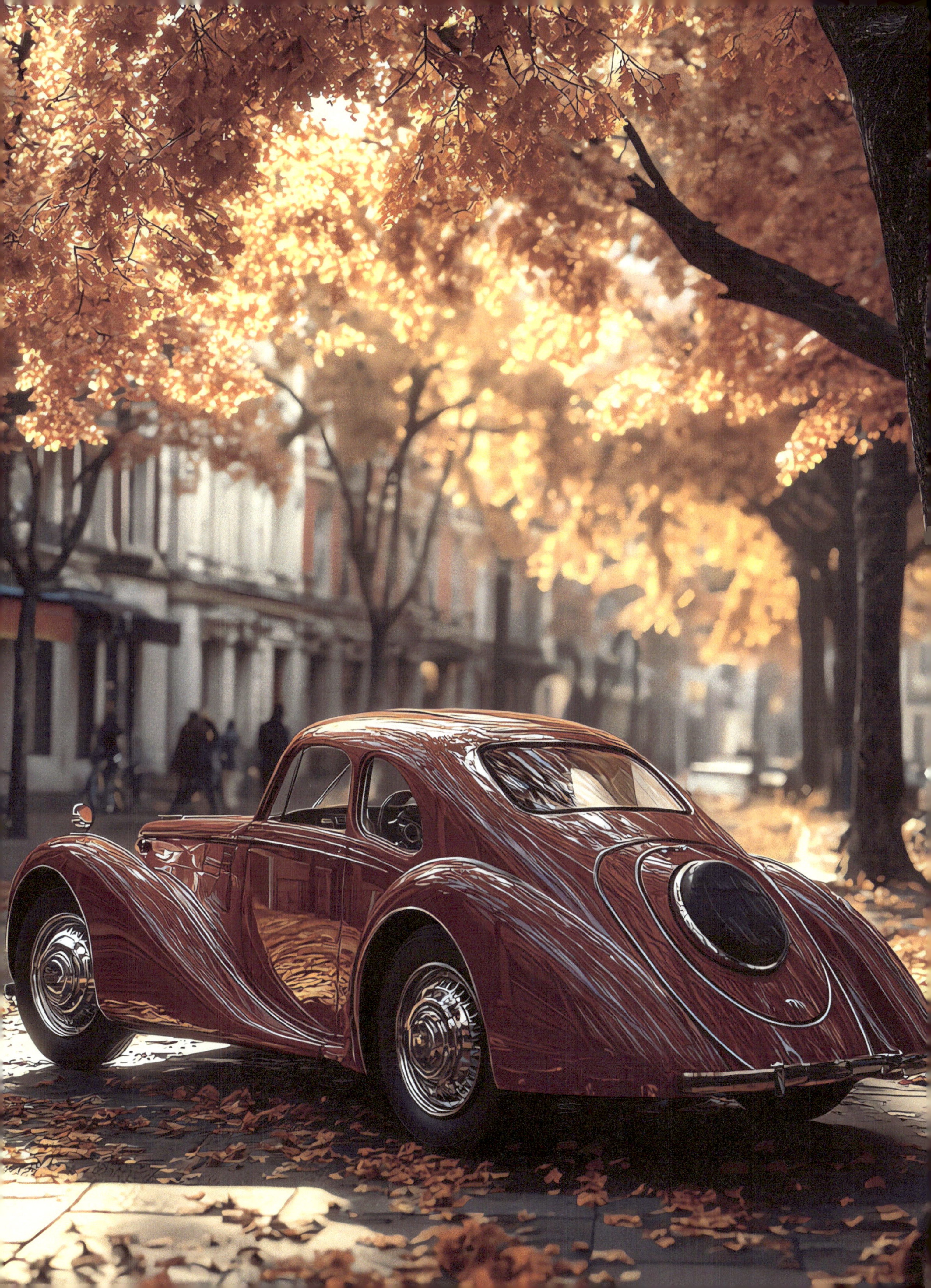

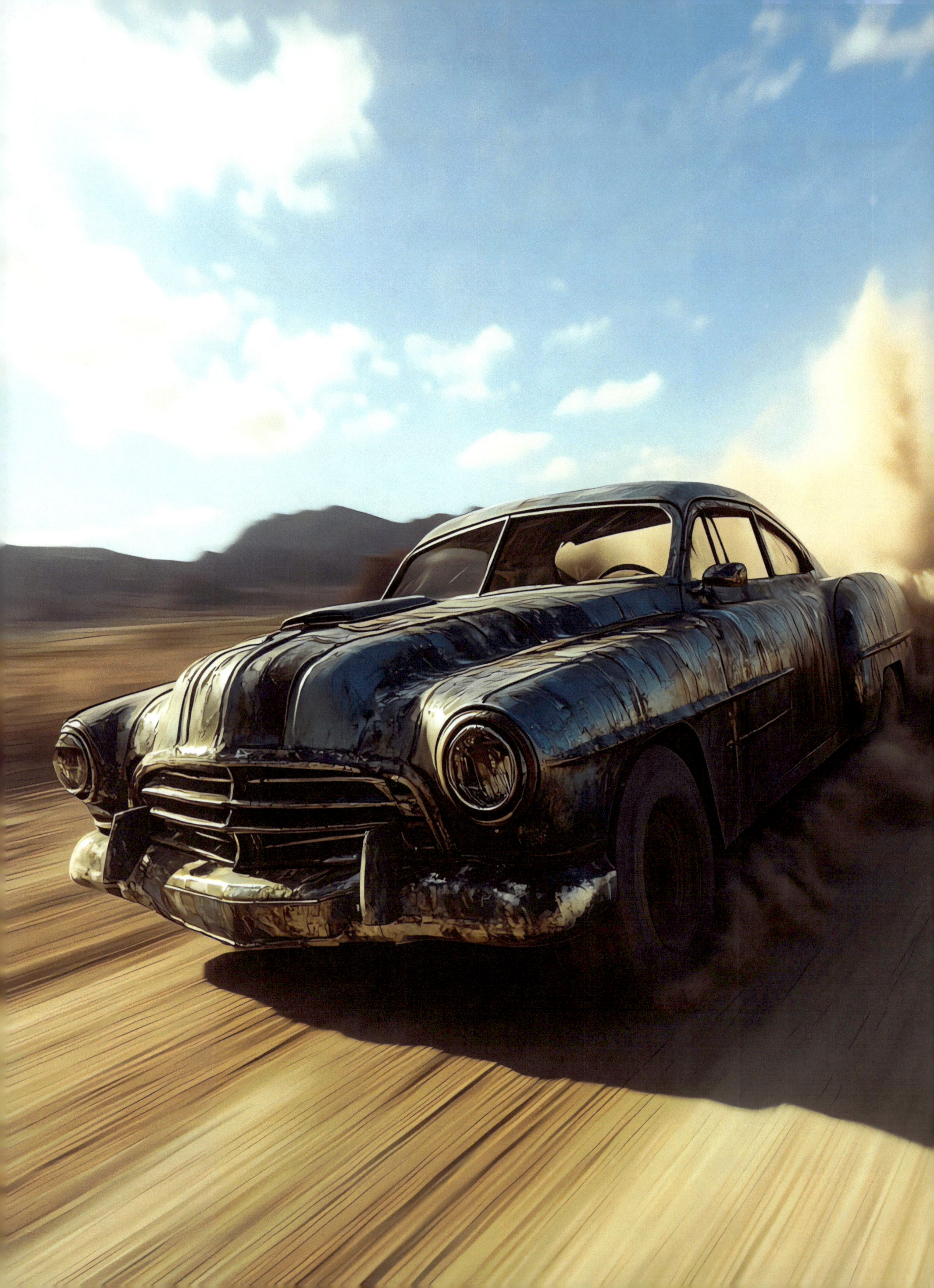

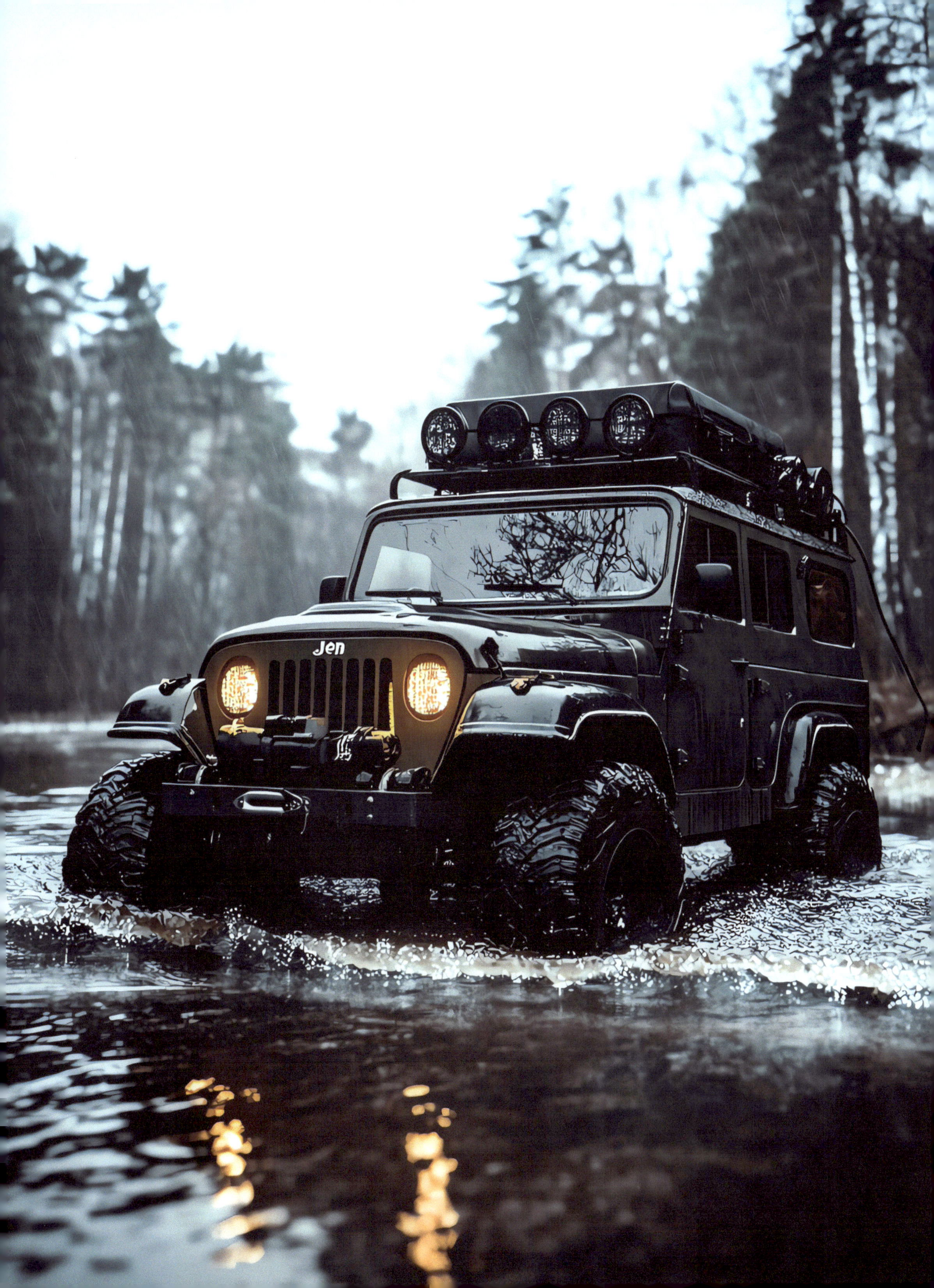
Jen

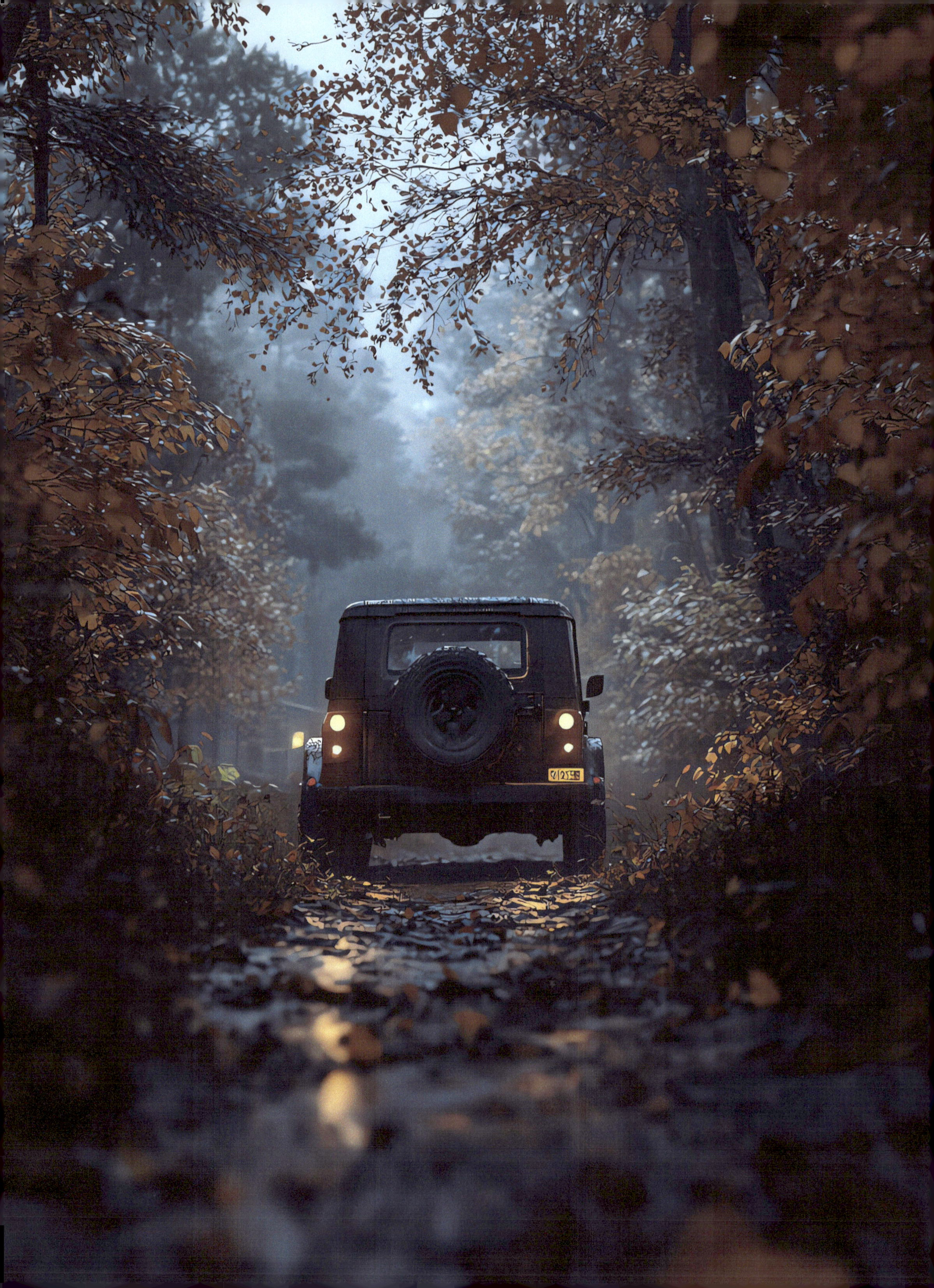

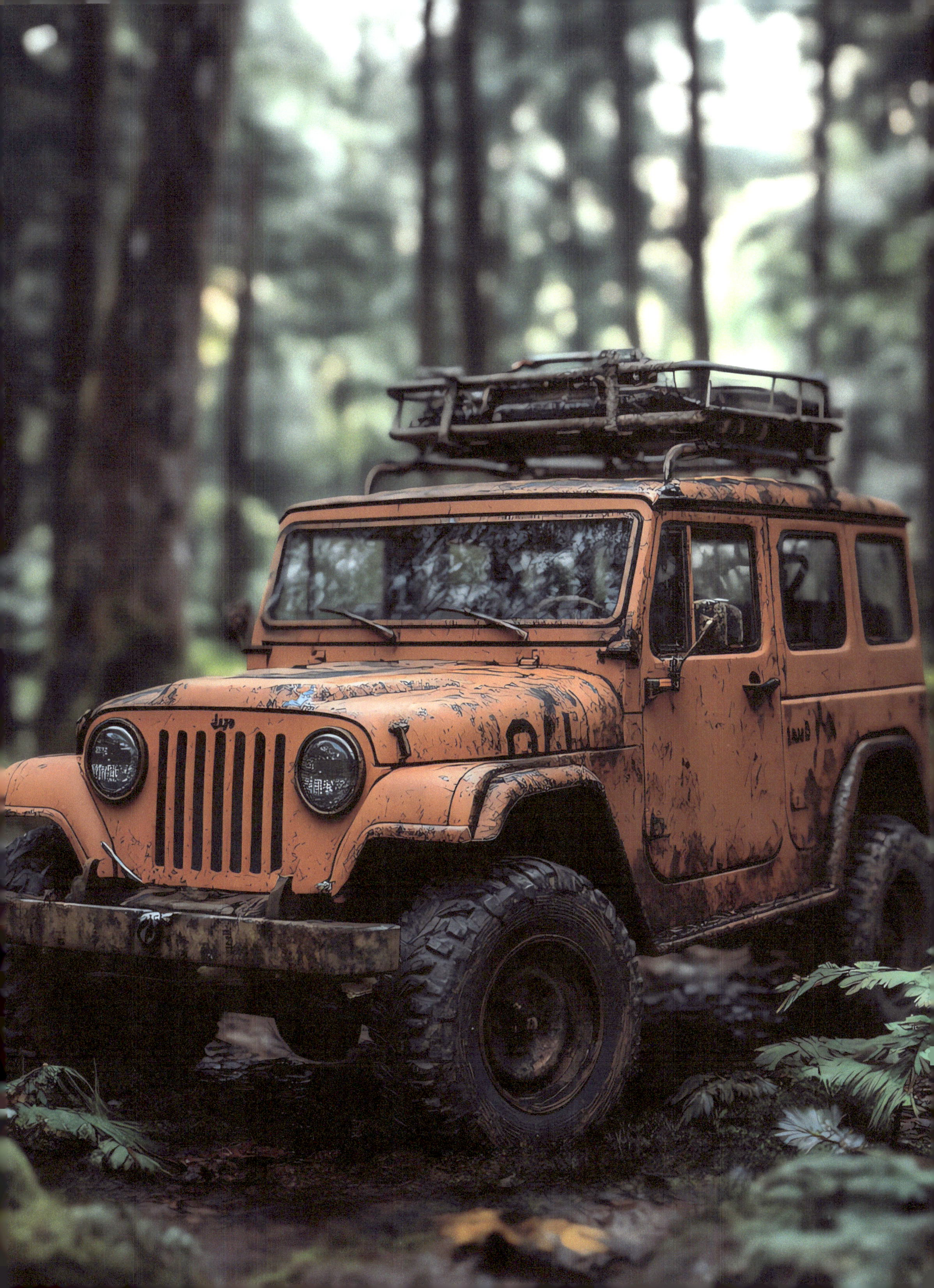

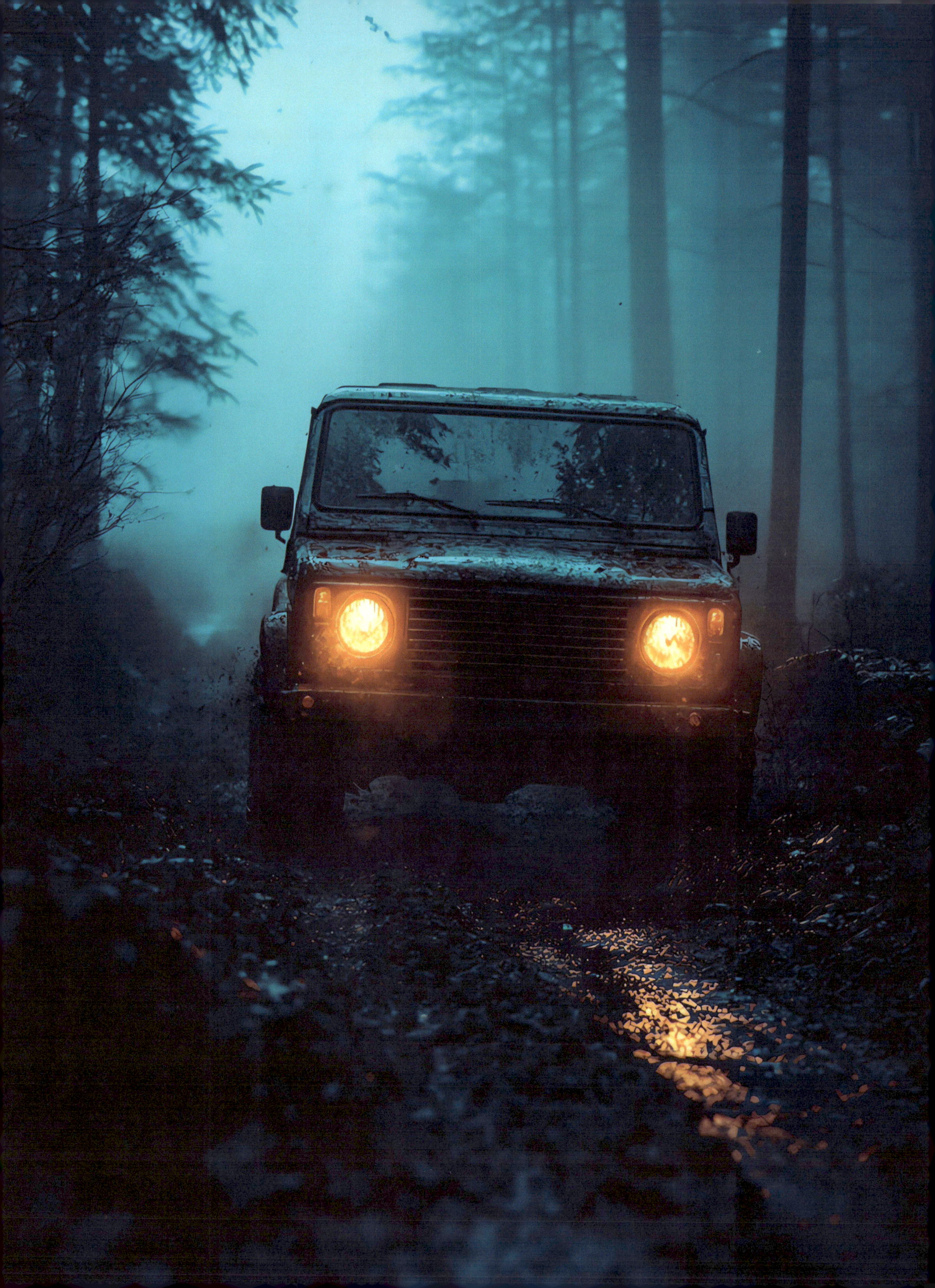

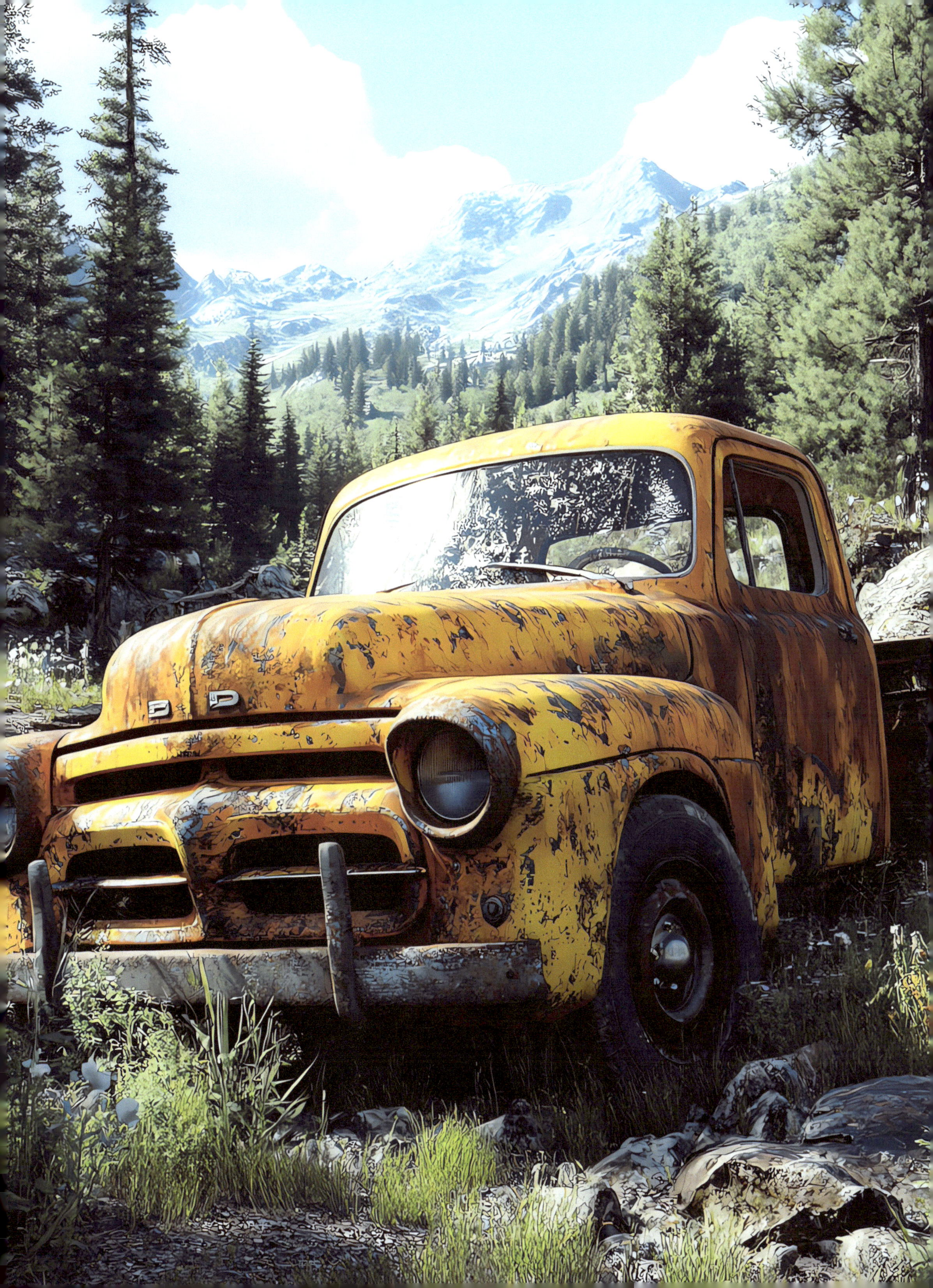

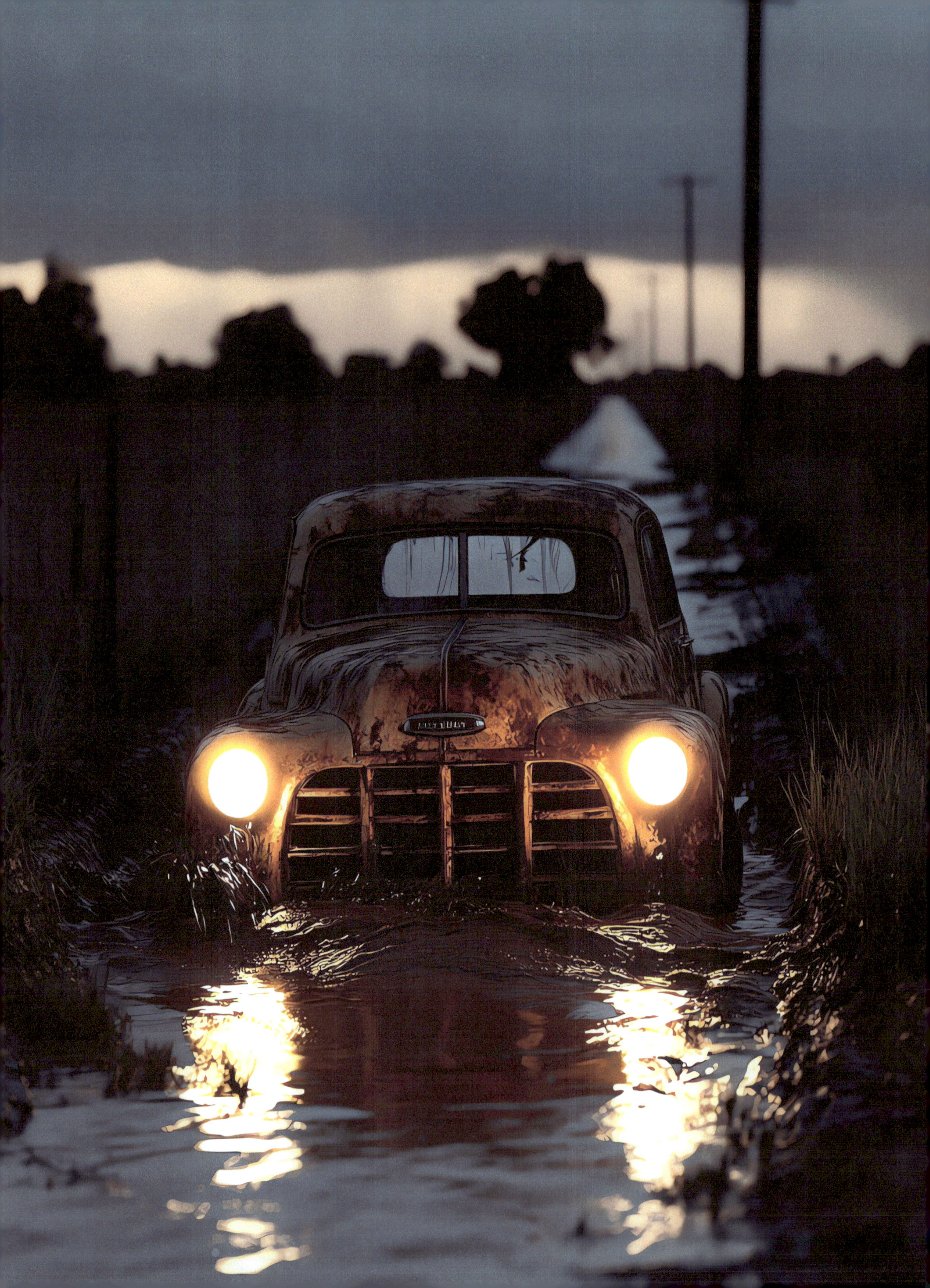

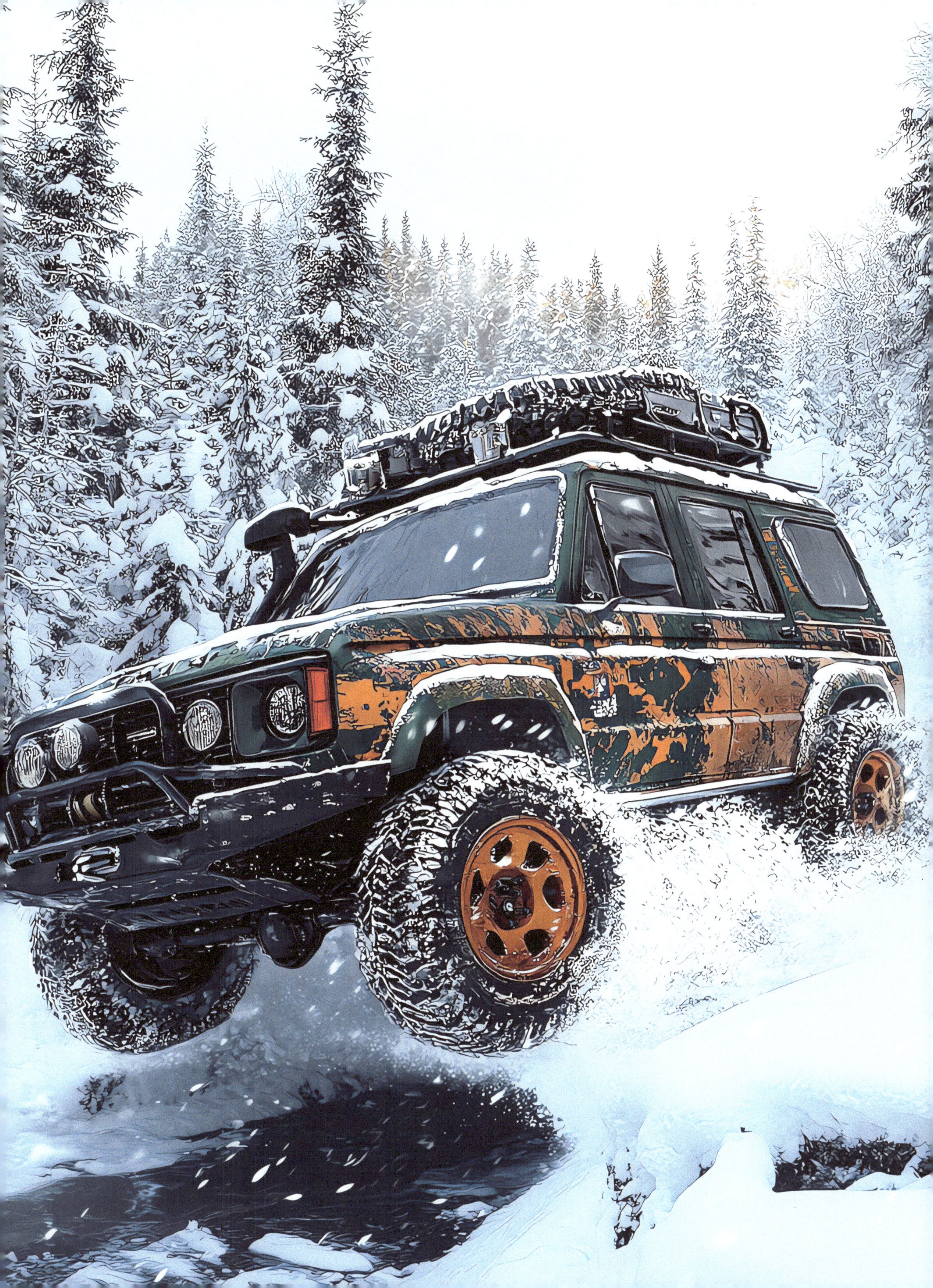

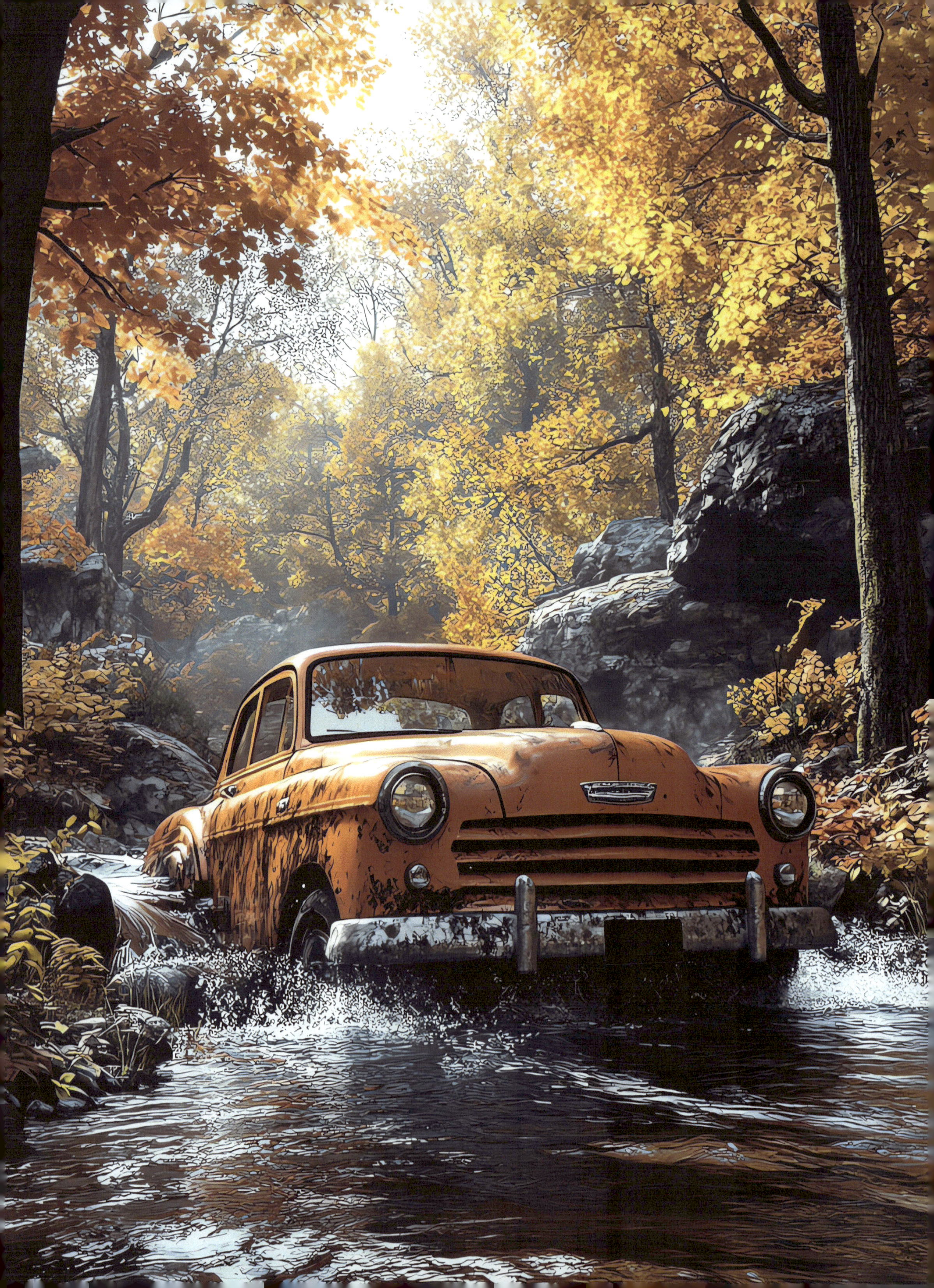

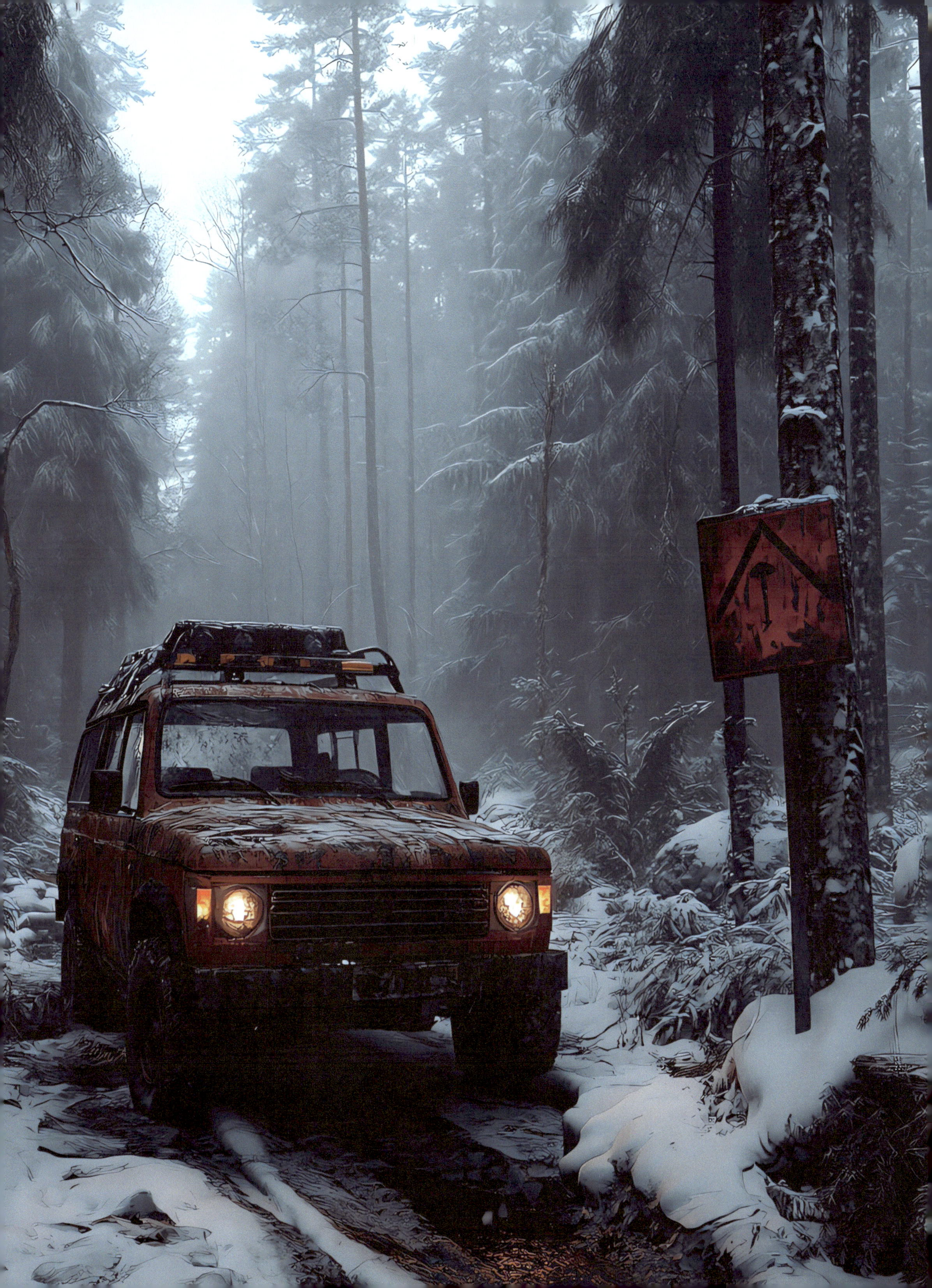

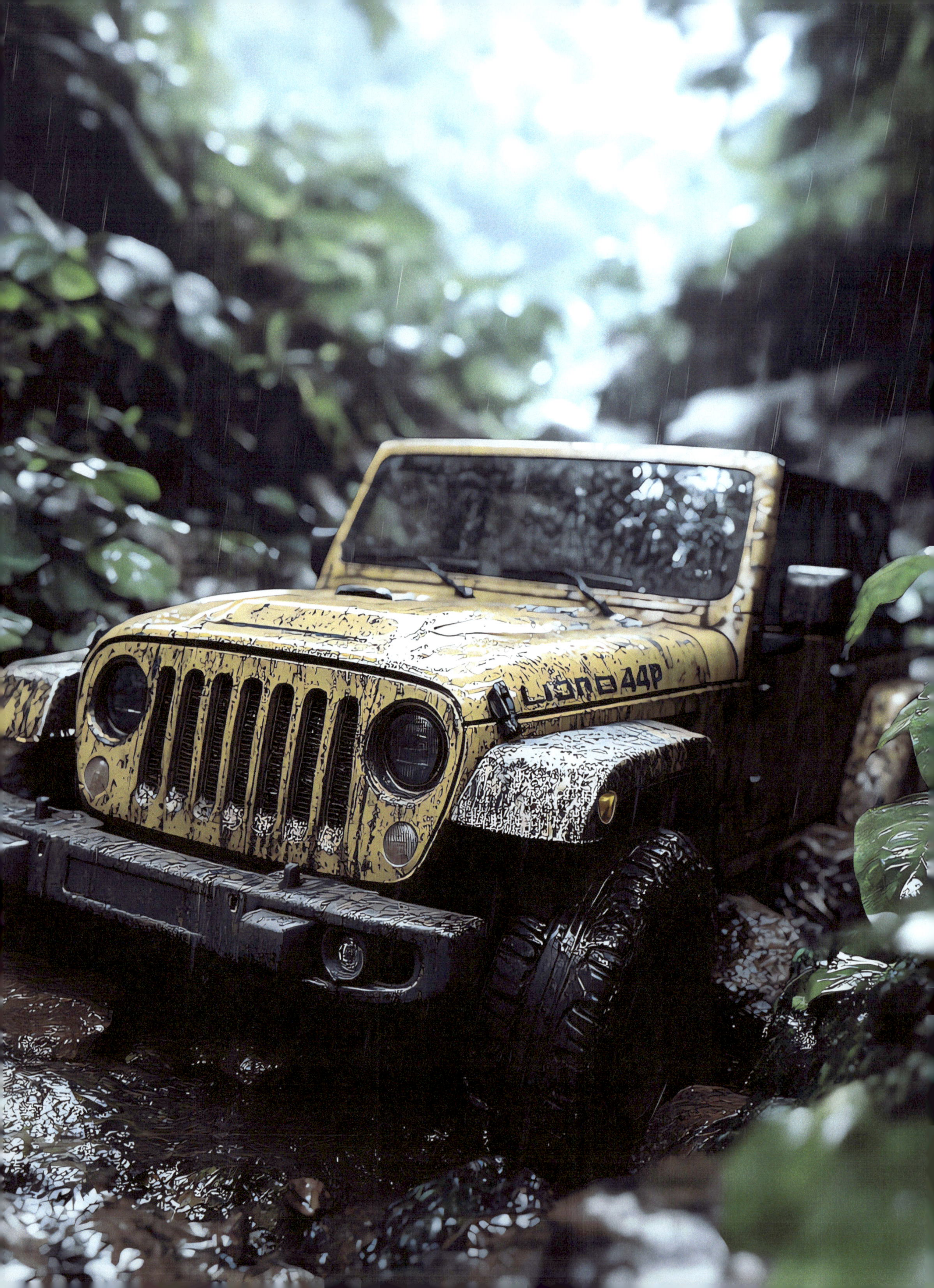

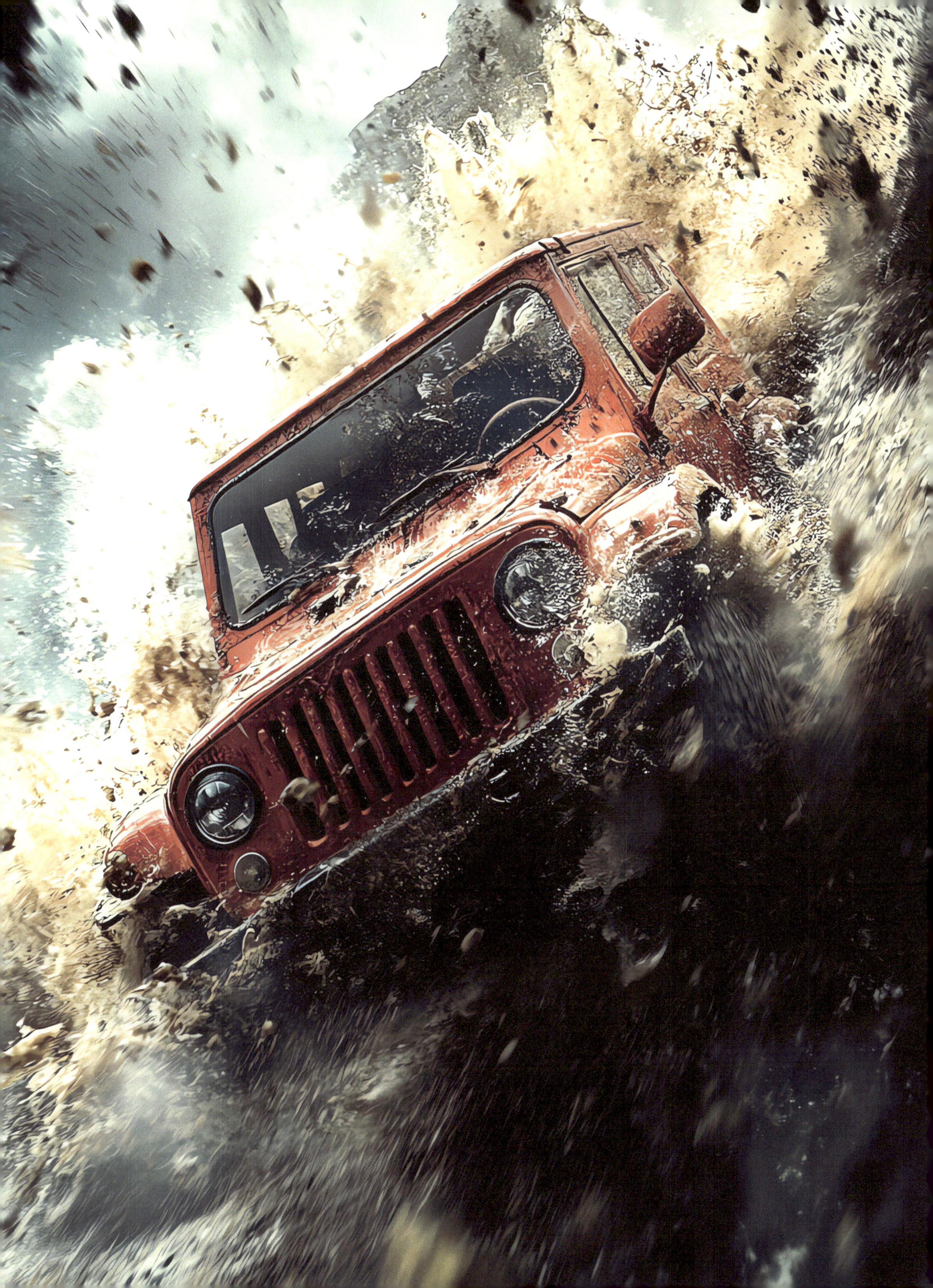

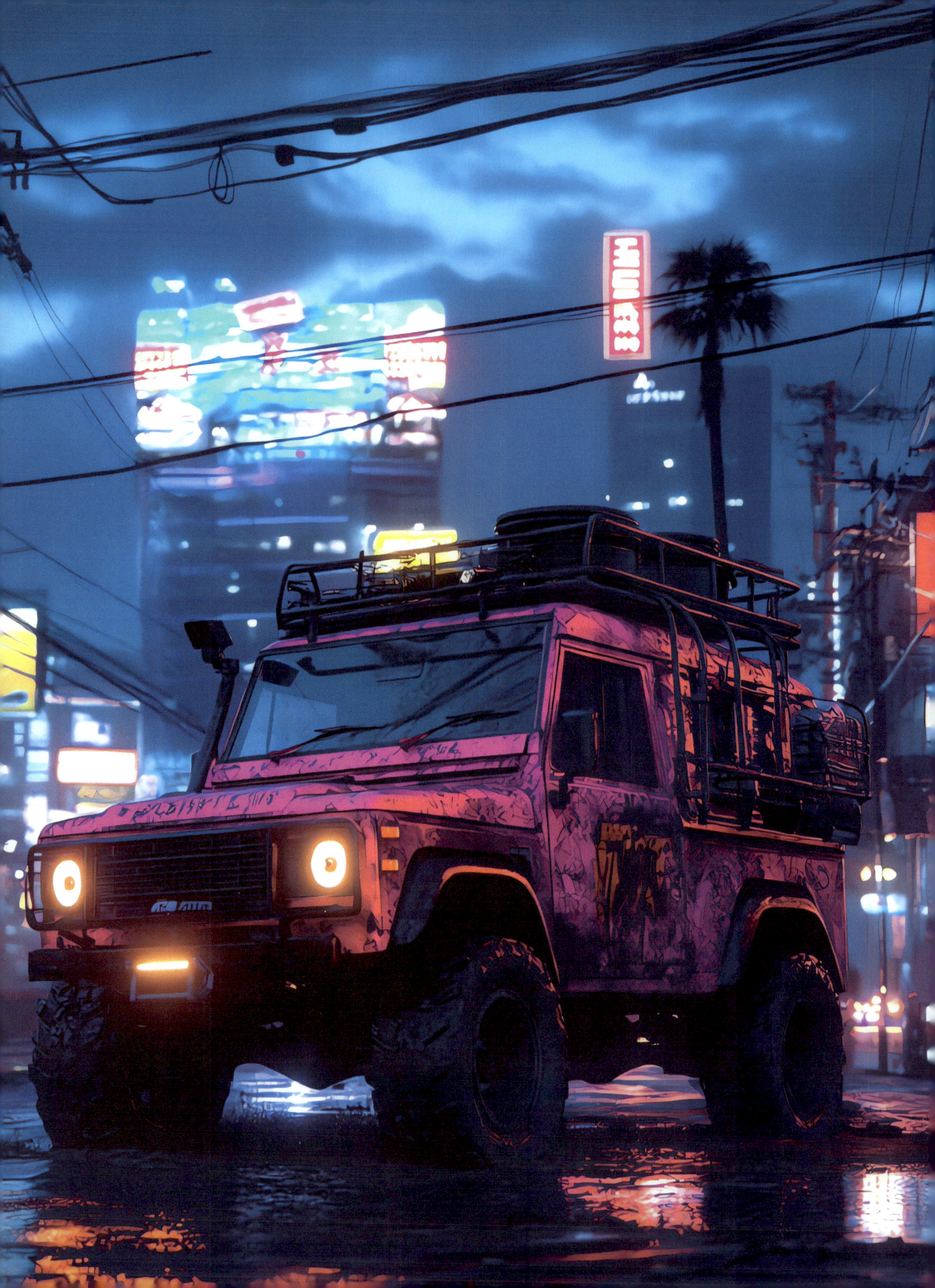

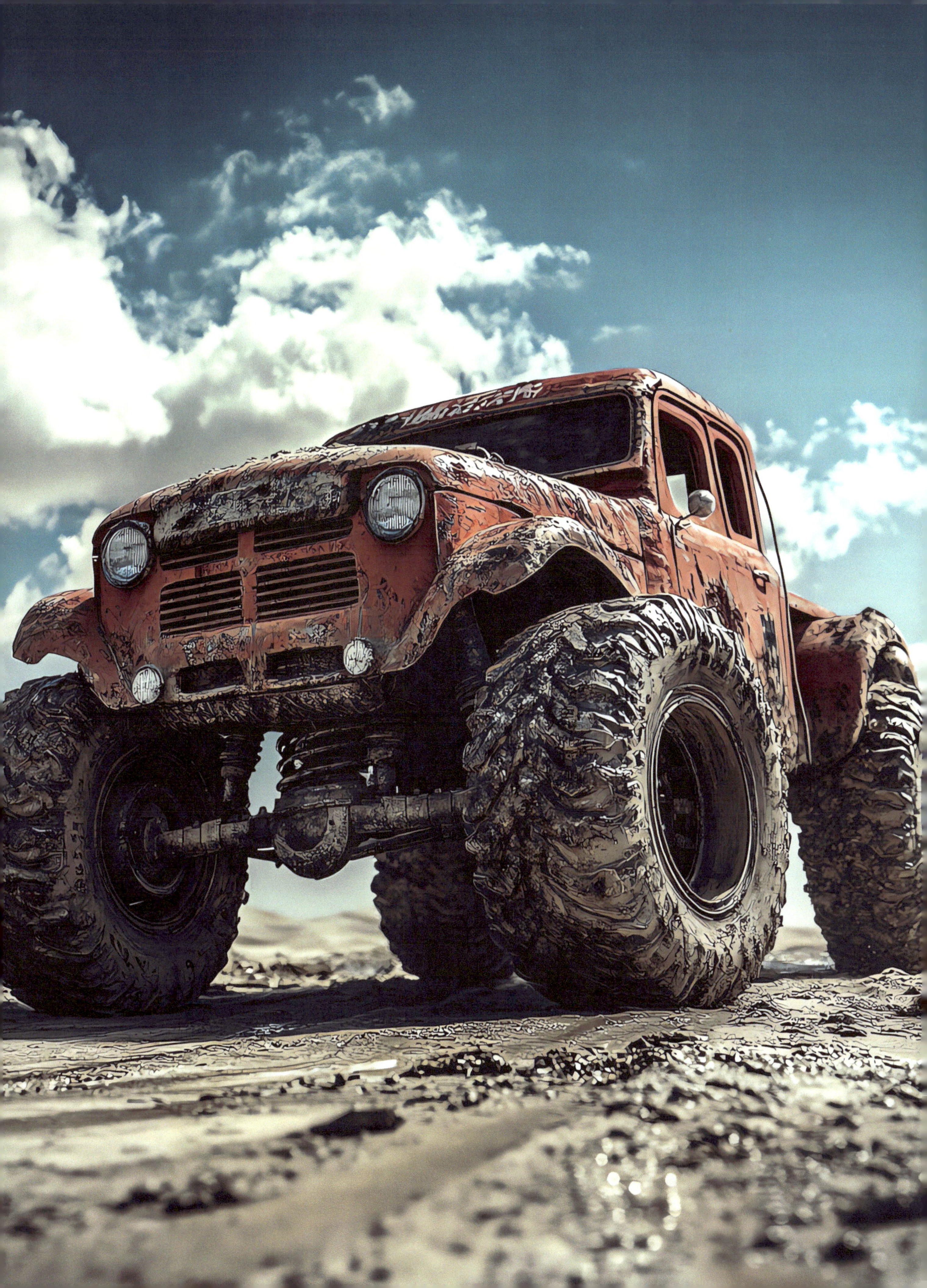

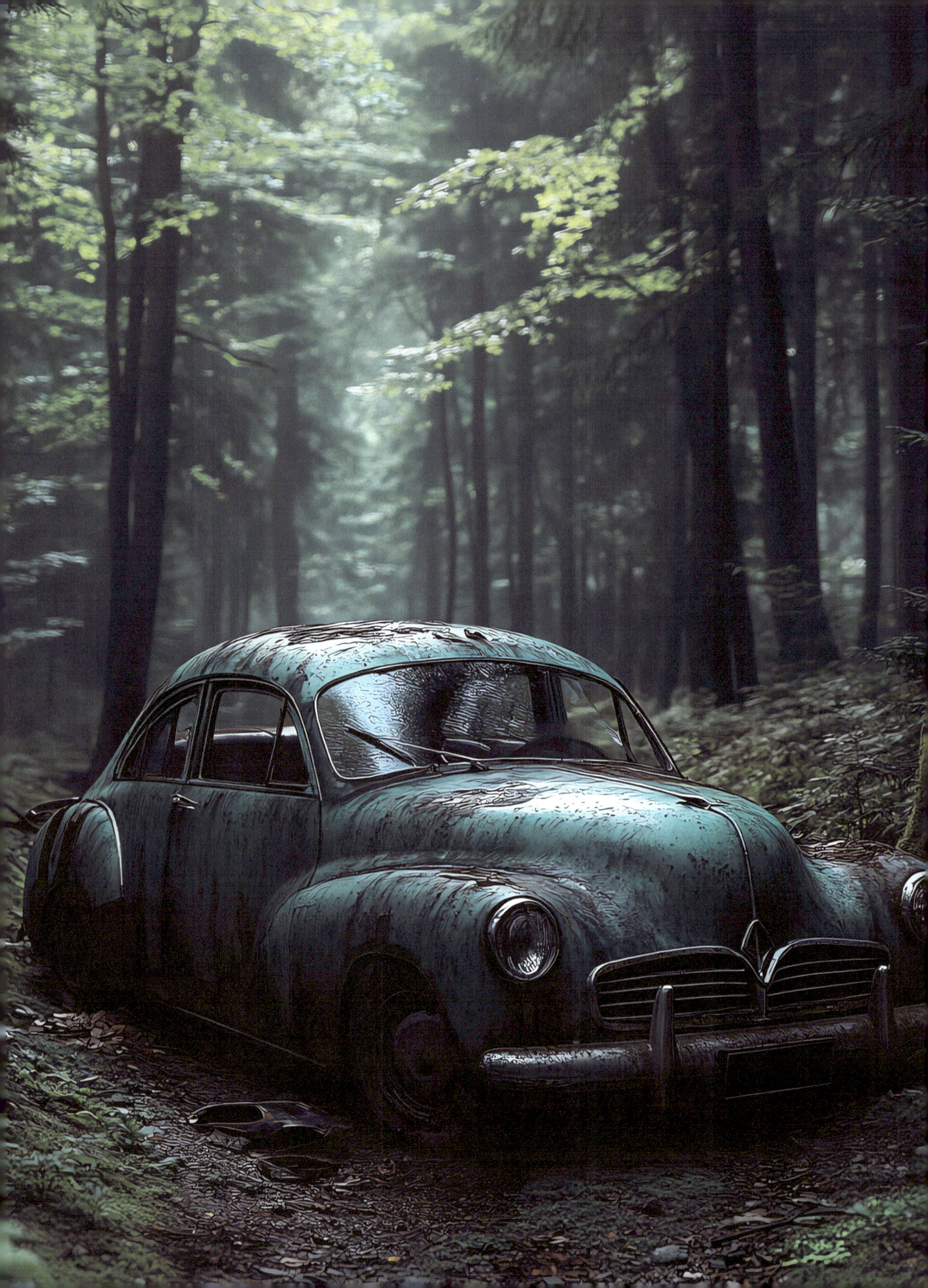

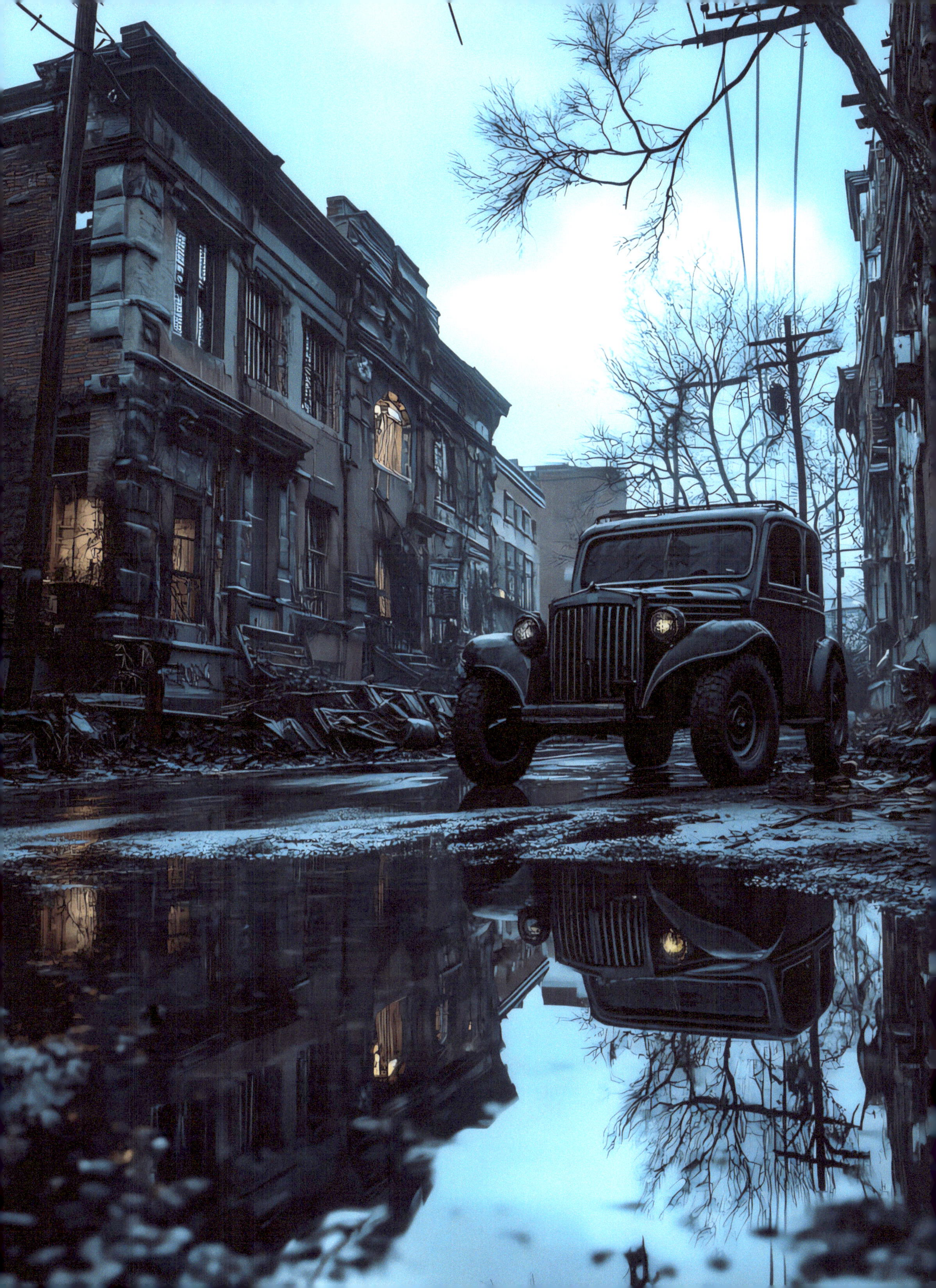

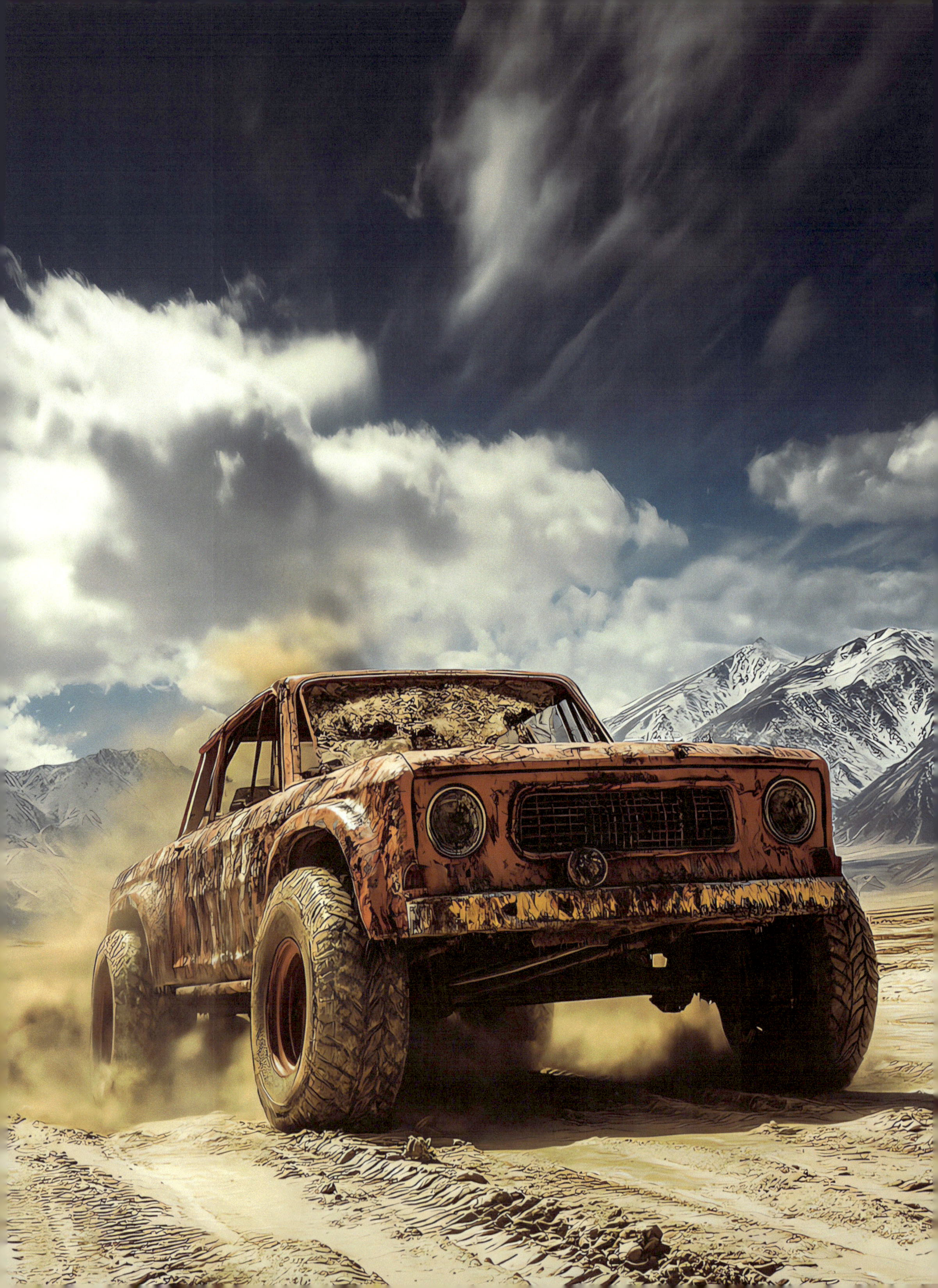

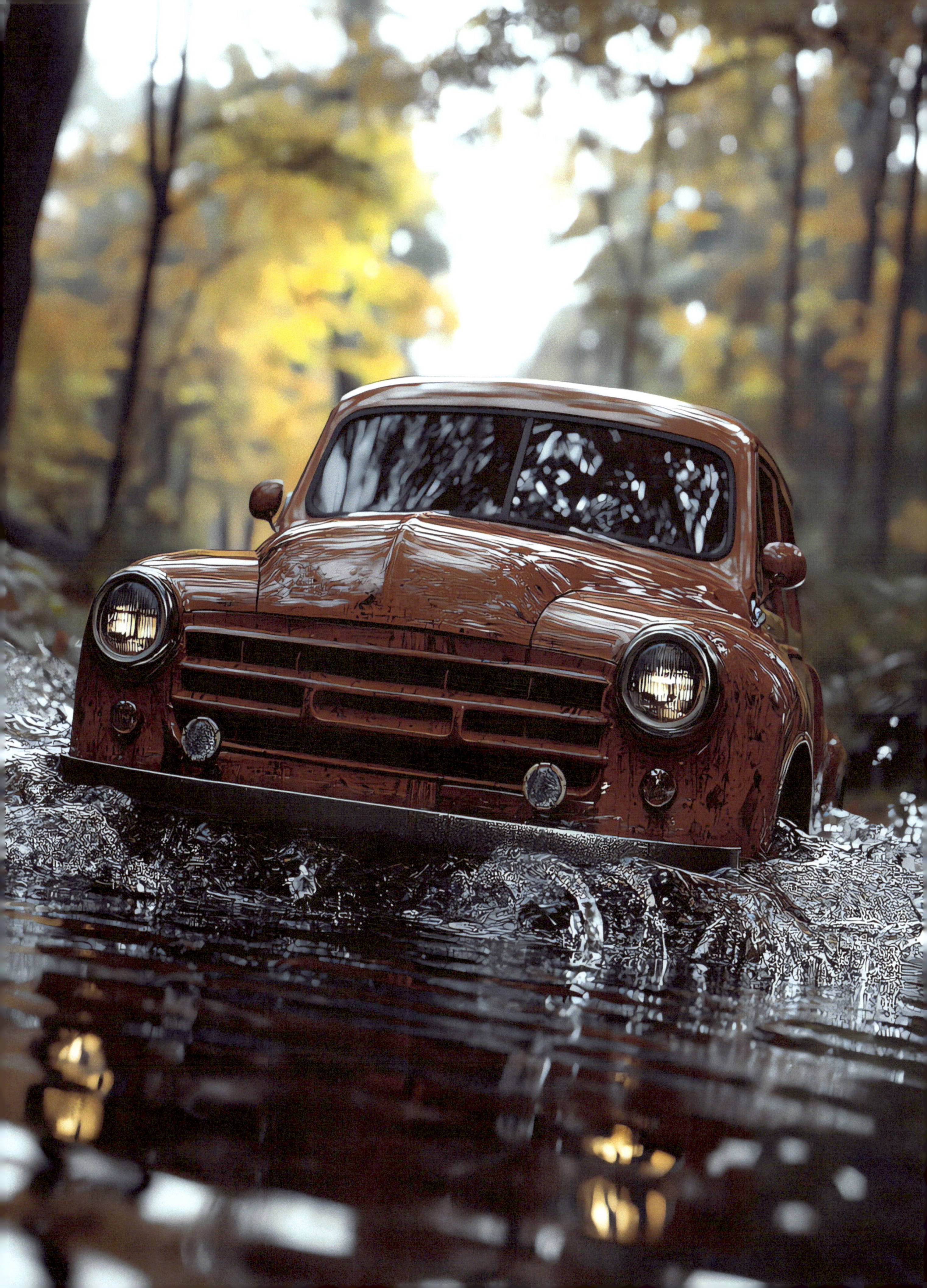

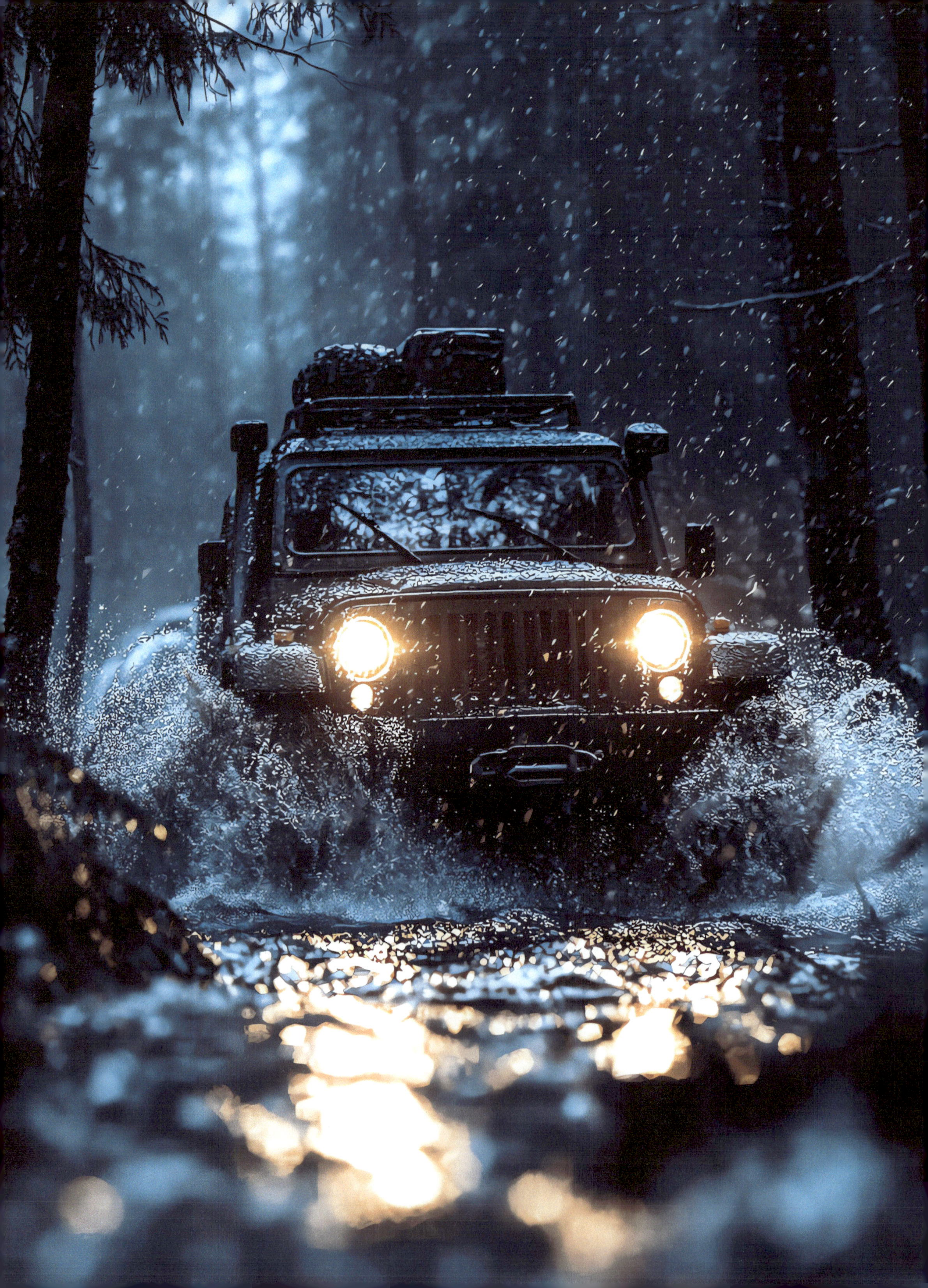

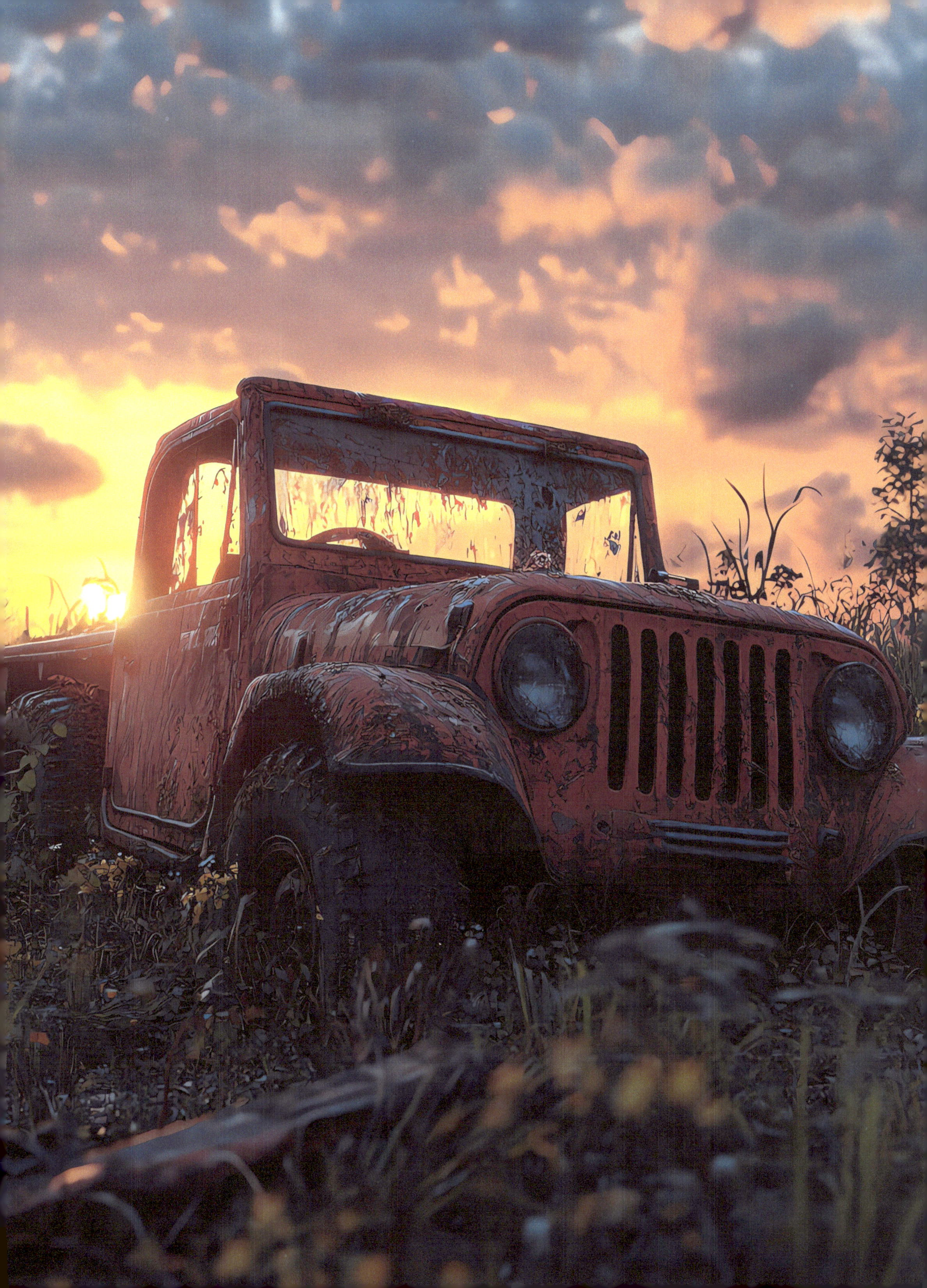

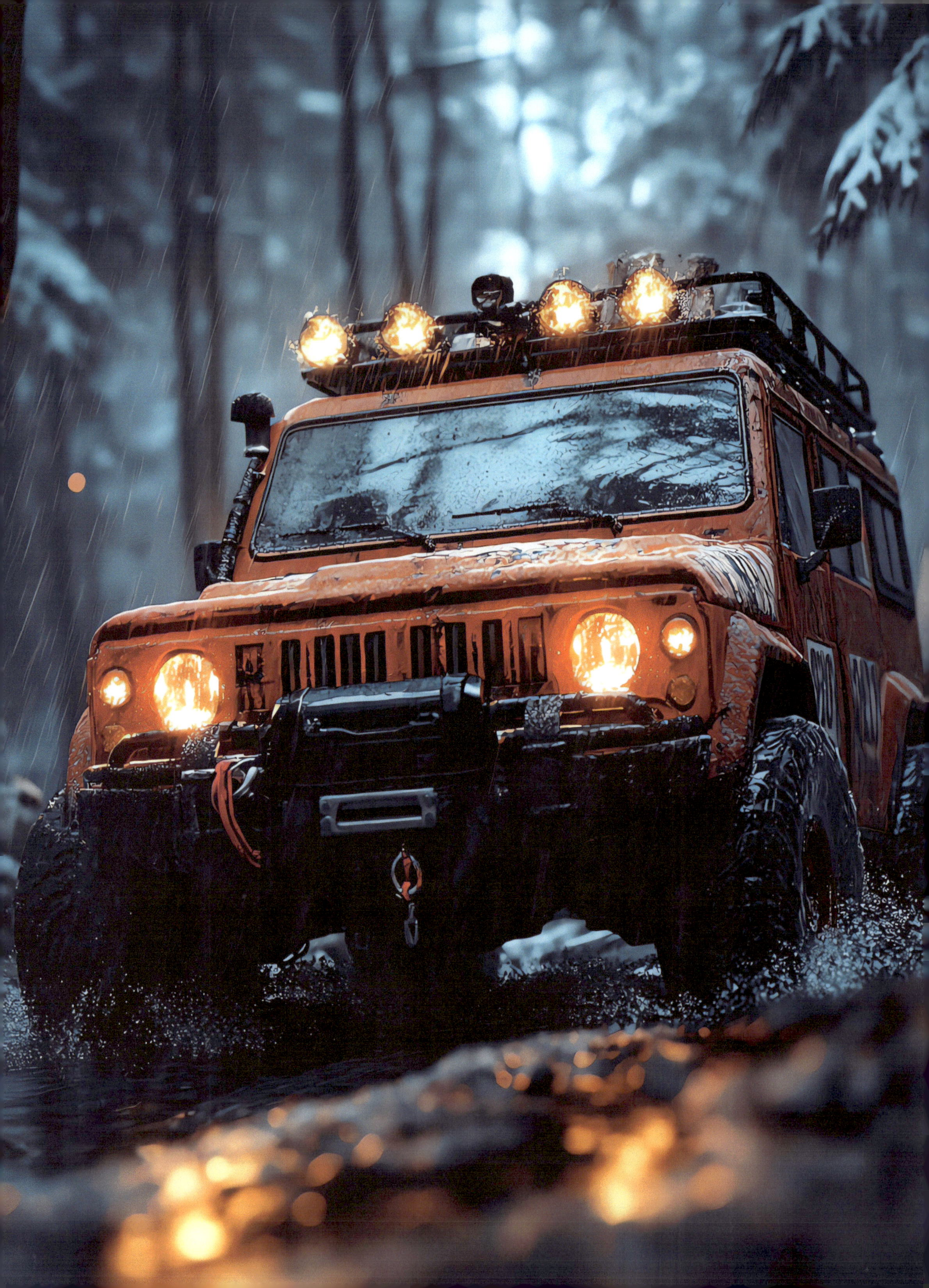

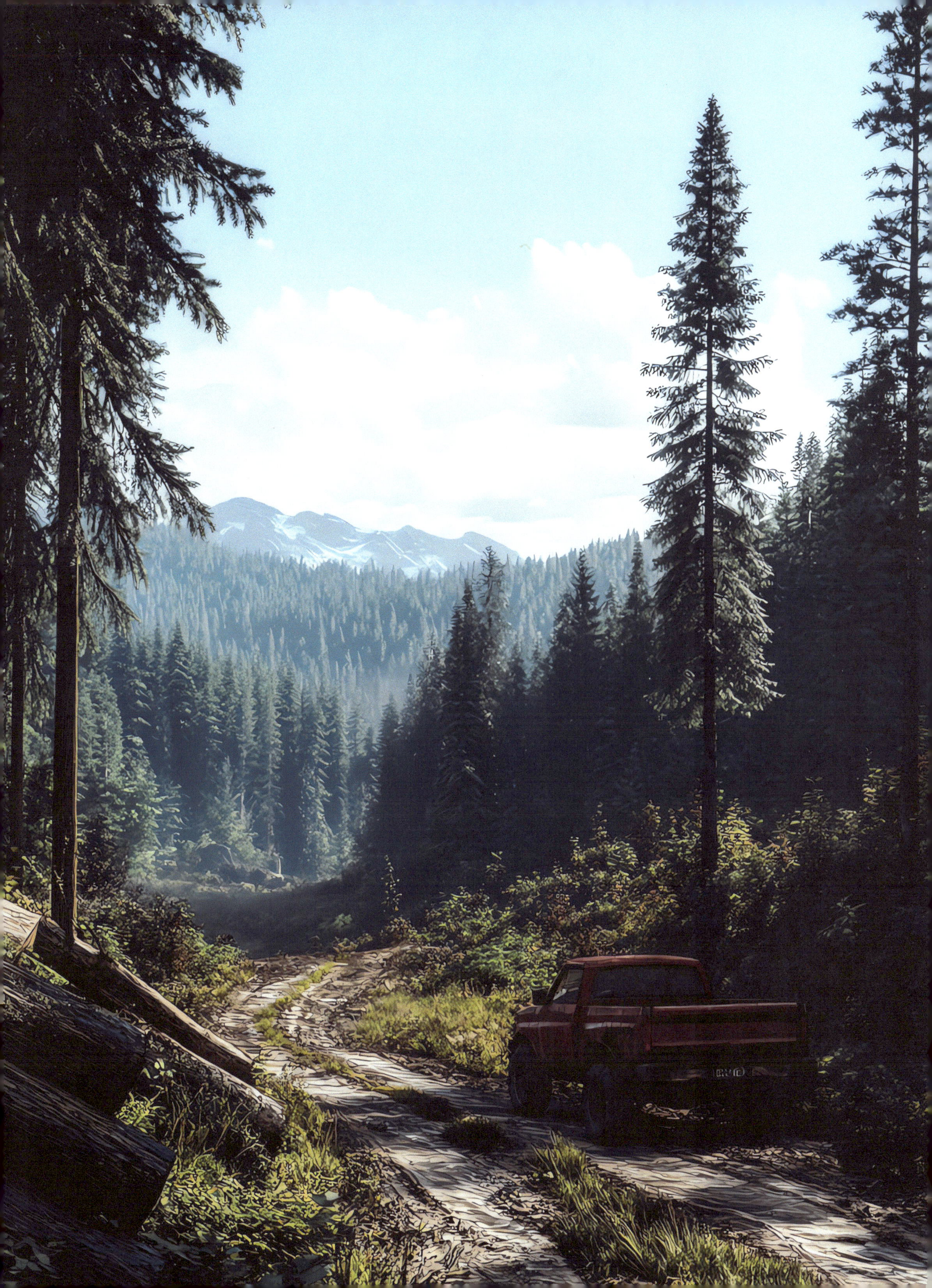

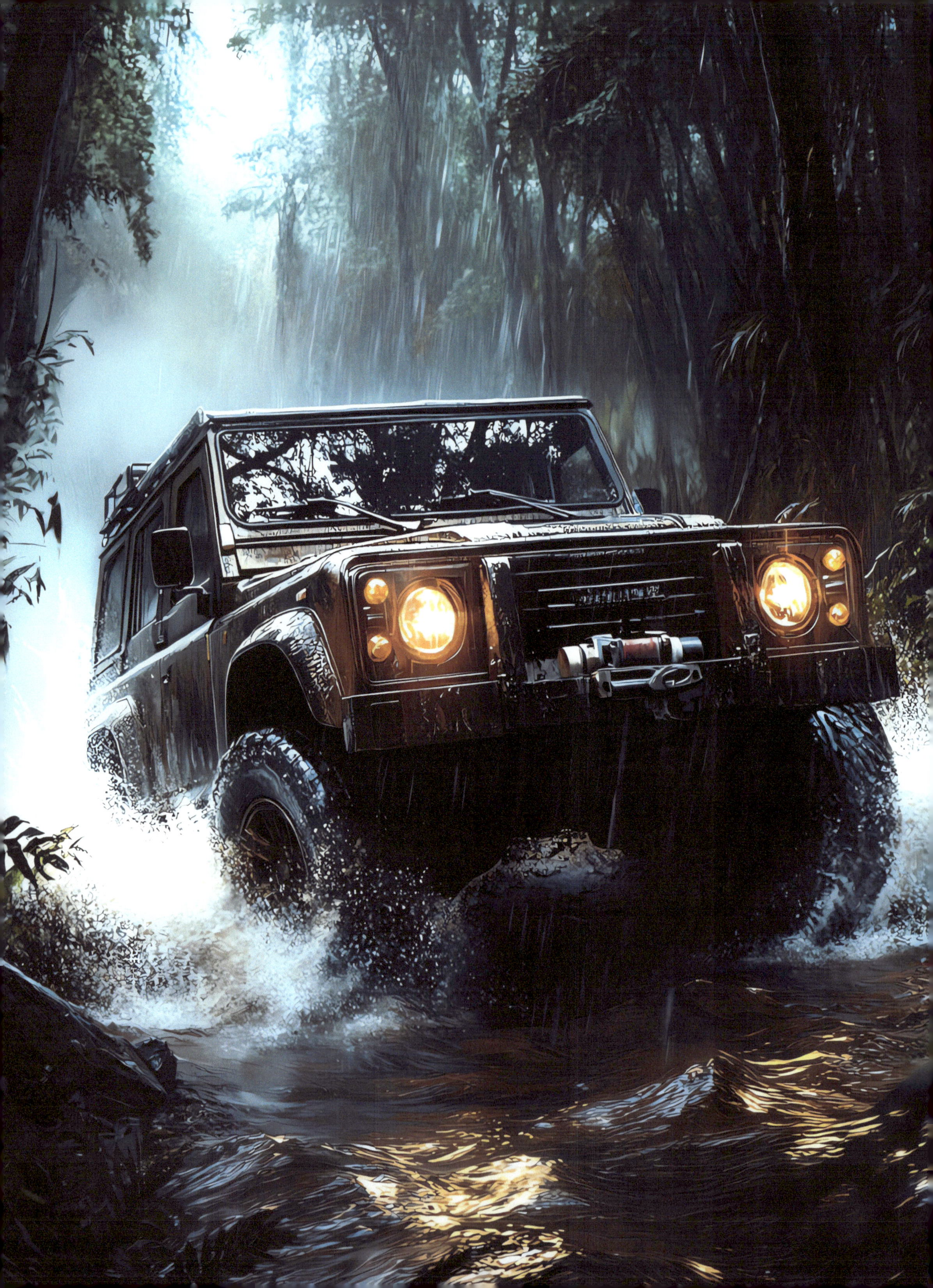

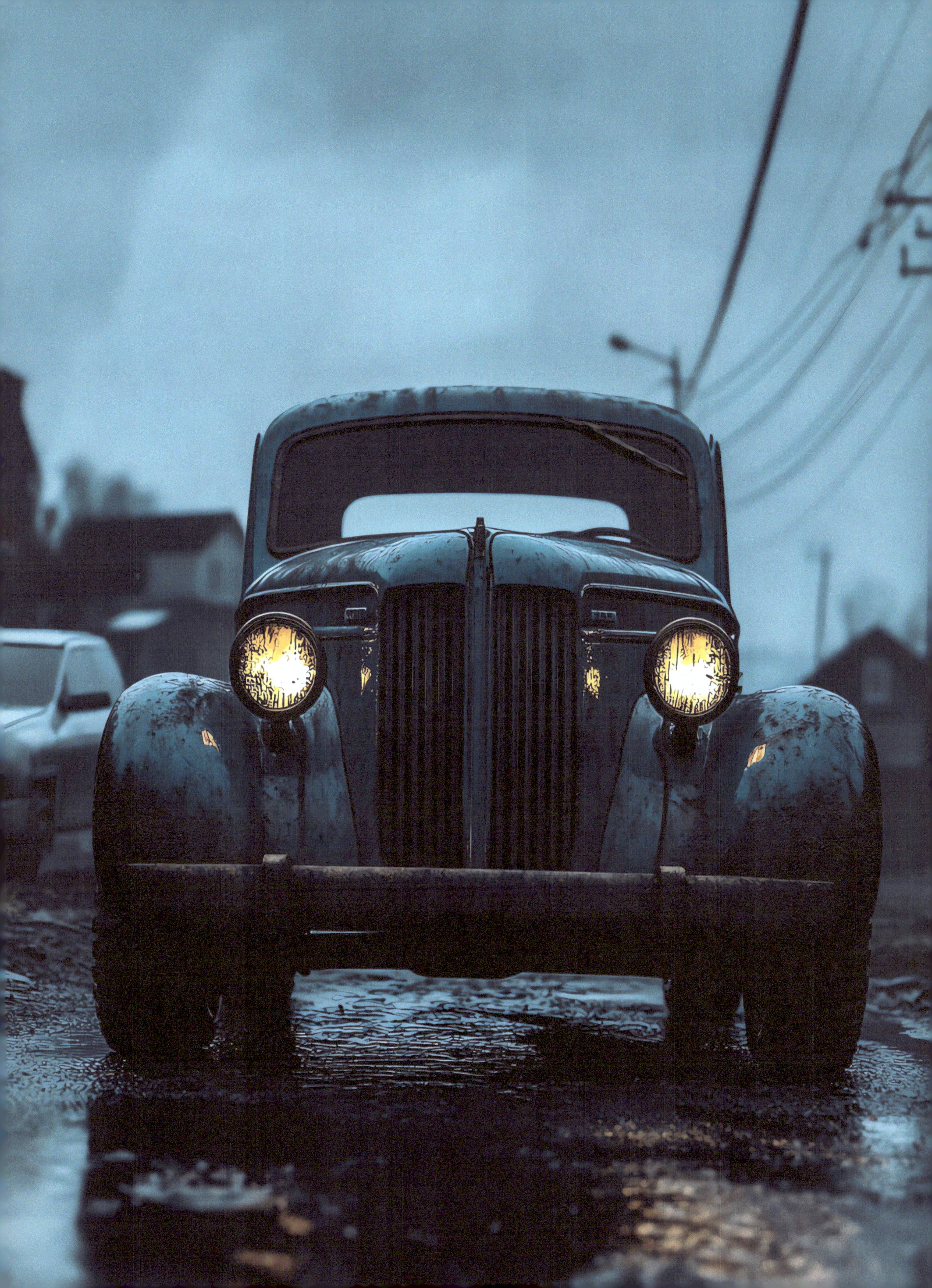

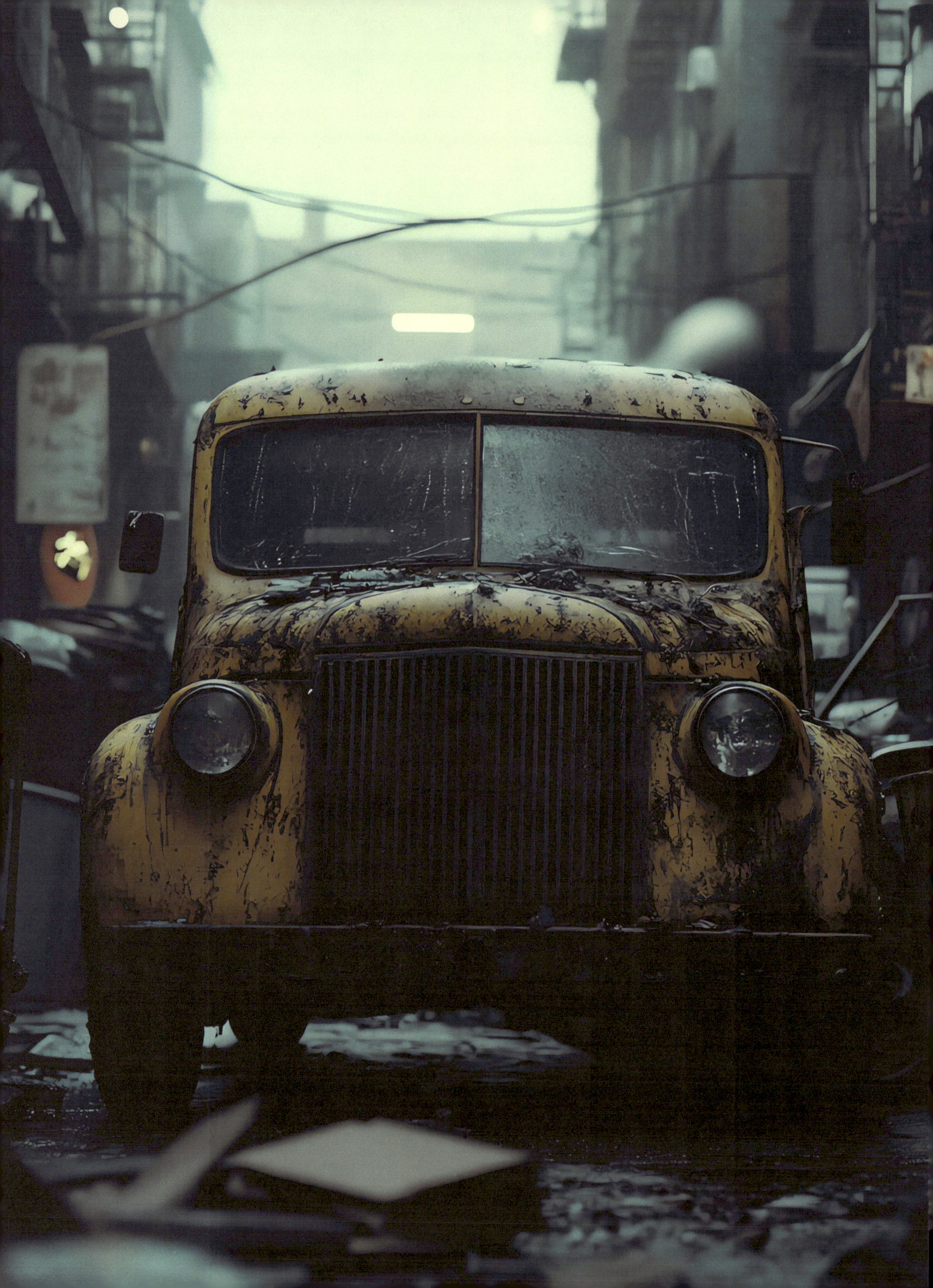

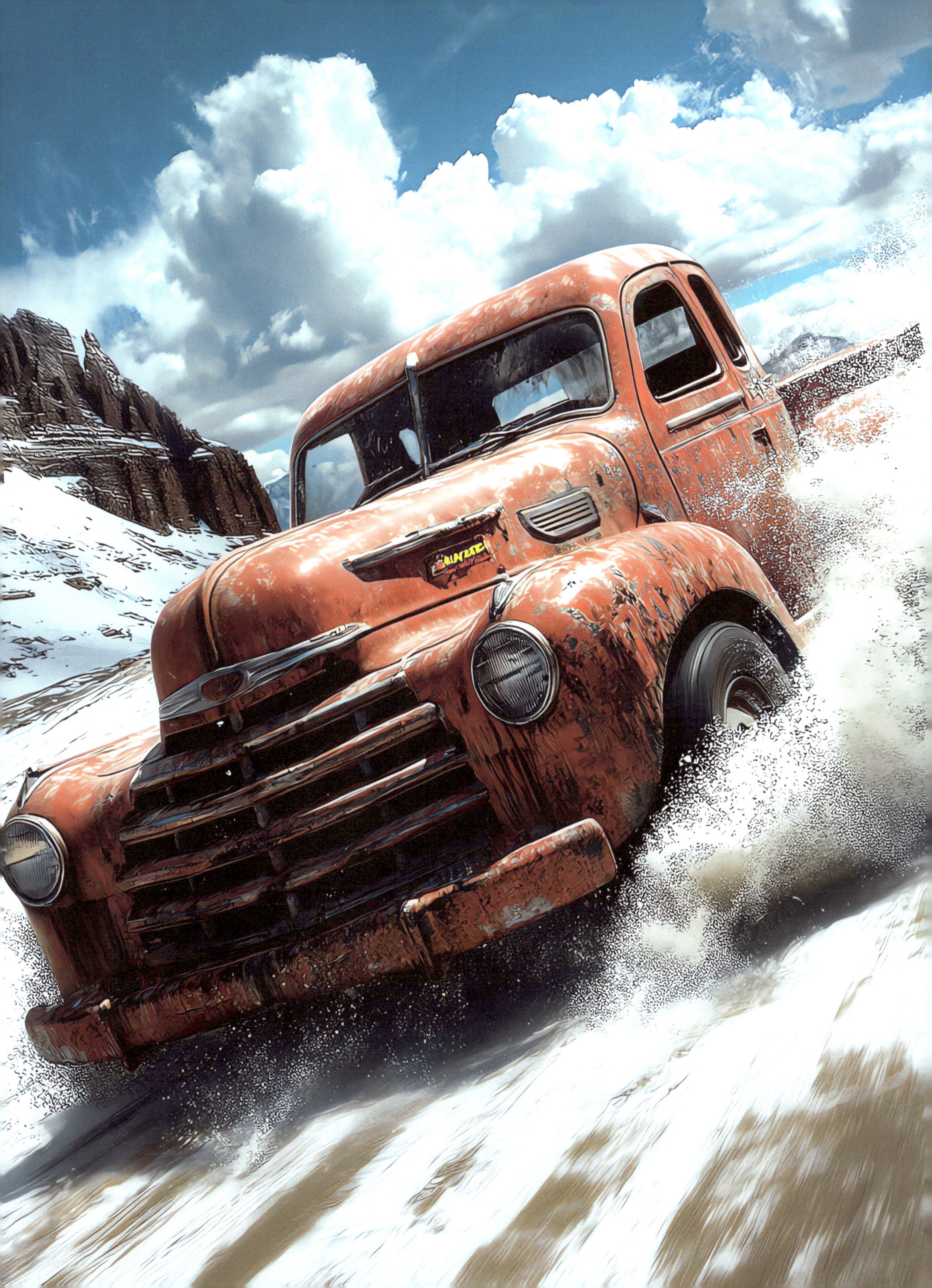

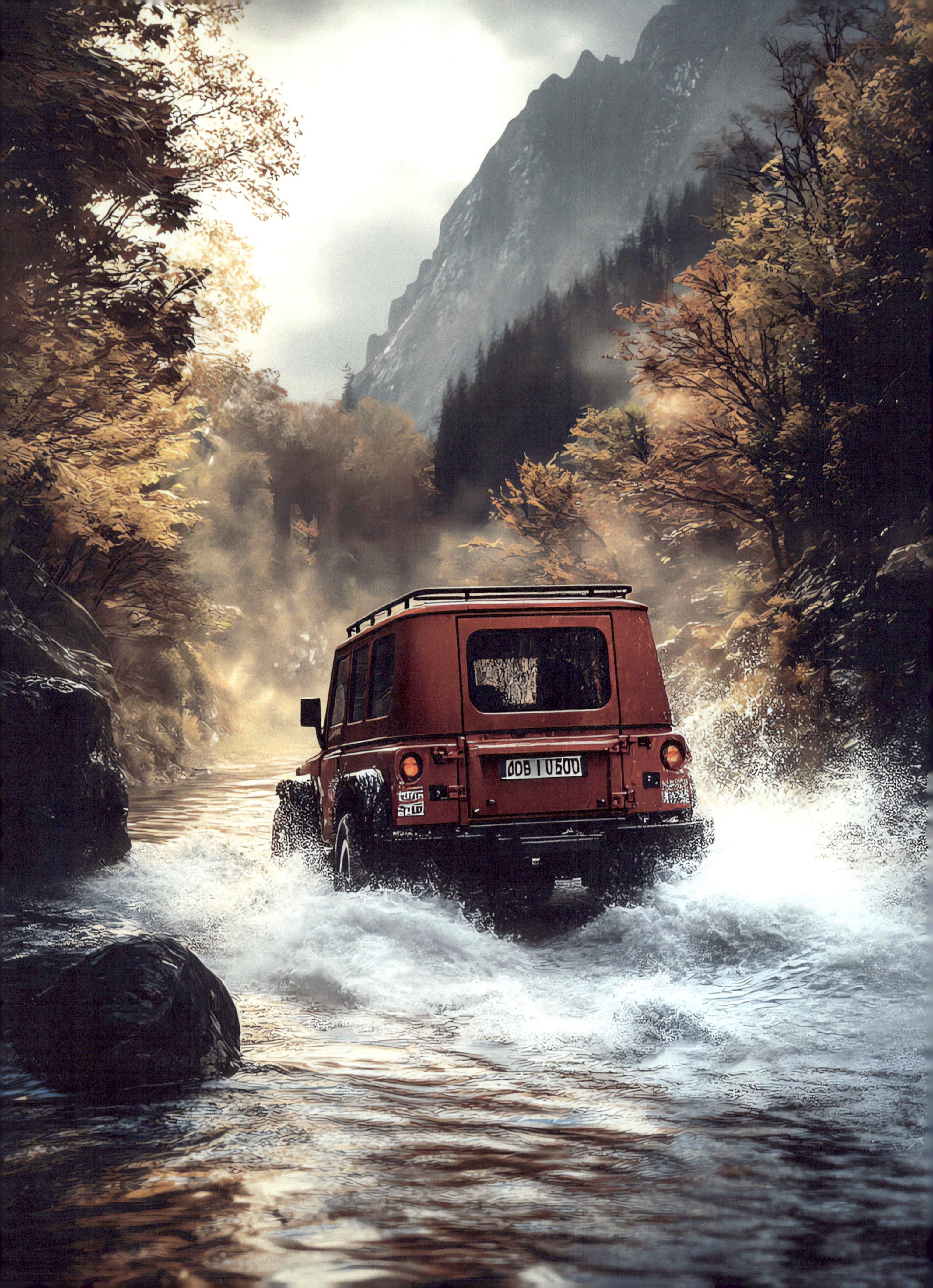

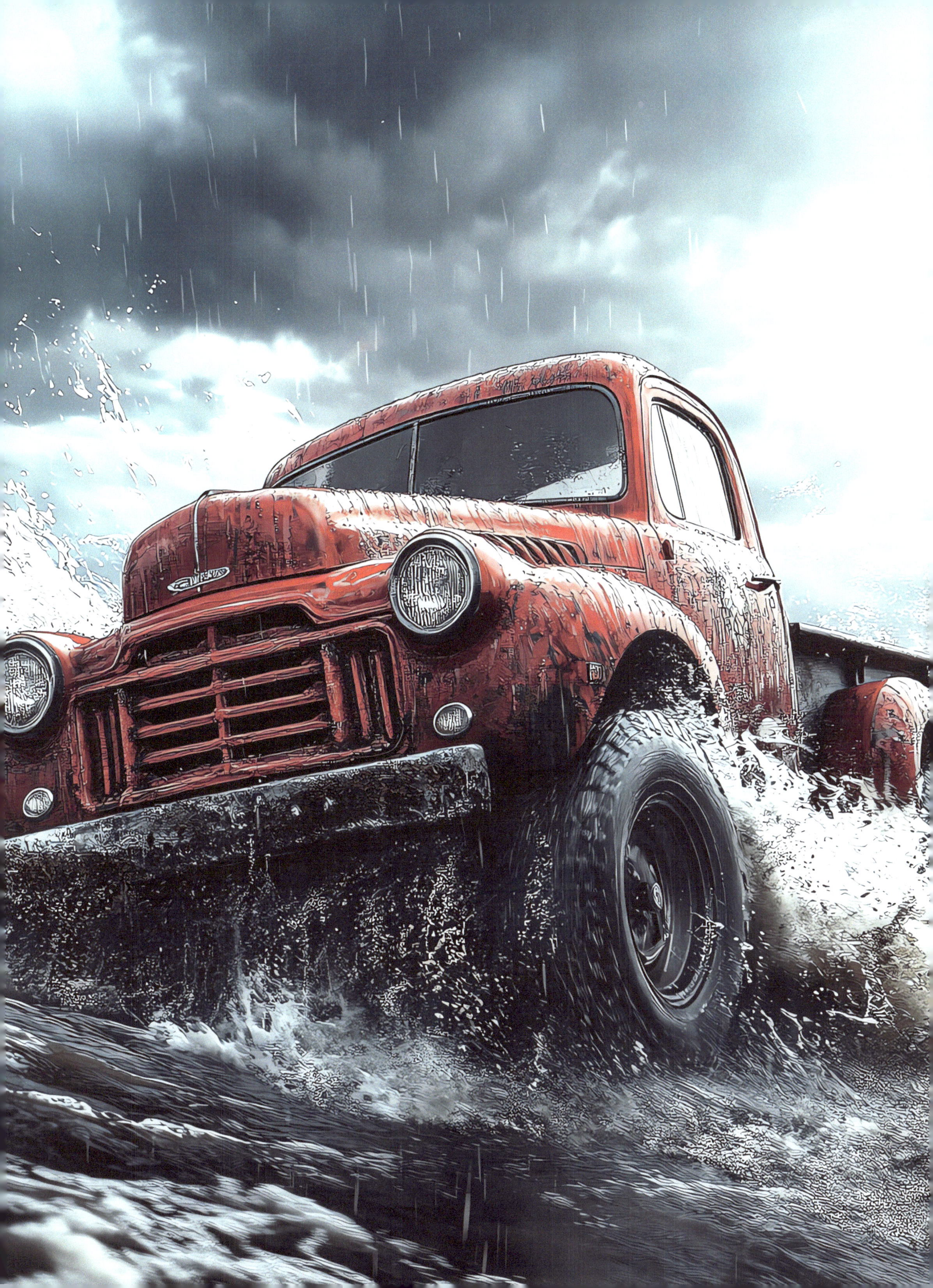

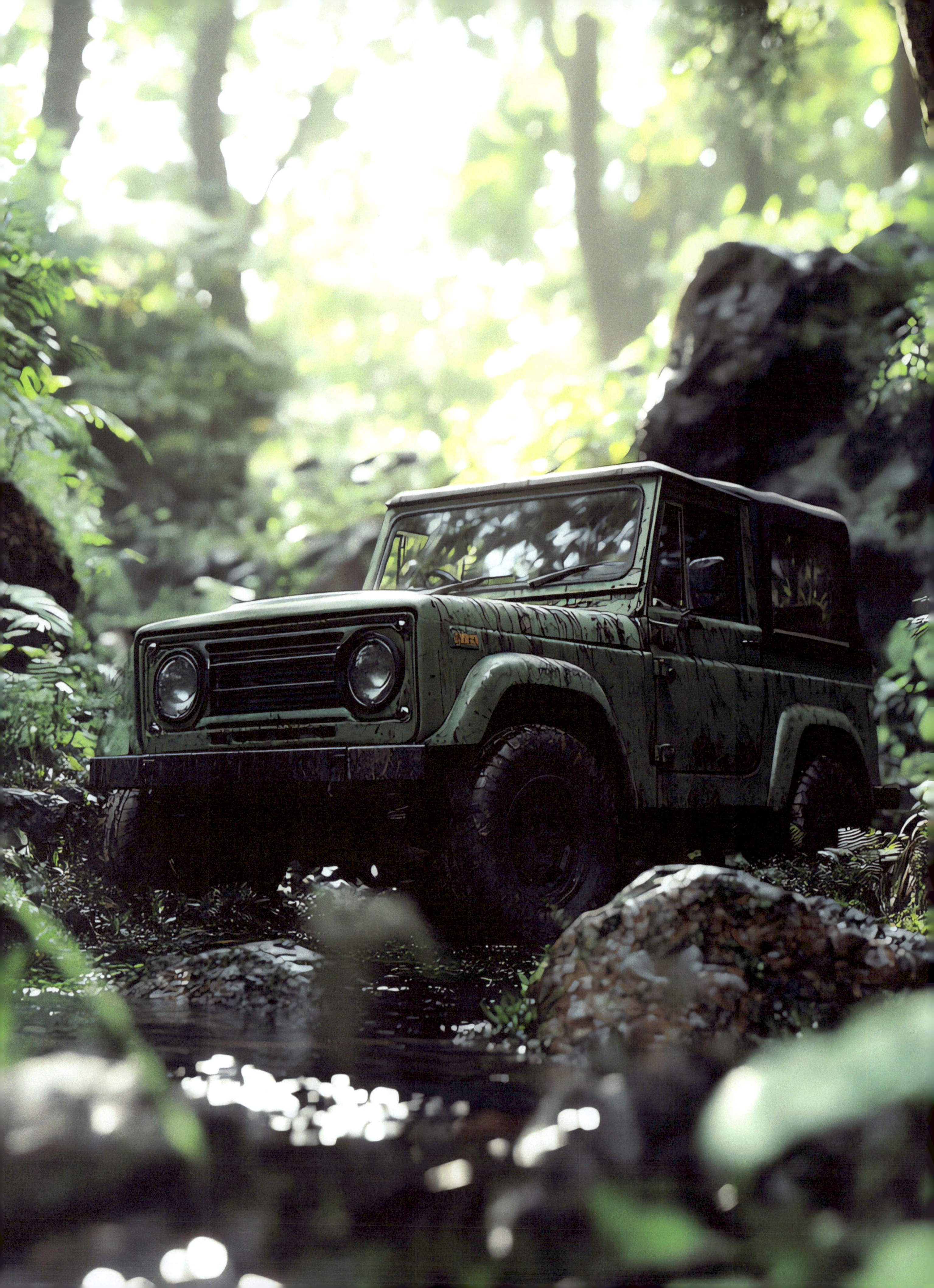

www.ingramcontent.com/pod-product-compliance
Lightning Source LLC
Chambersburg PA
CBHW040419220526
45473CB00004B/1292
* 9 7 9 8 3 0 2 4 8 5 2 2 9 *